I love Japan Reiseführer

von

S. L. Giger als *SwissMiss on Tour*

Reisen ist die Sehnsucht nach dem Leben.
-Kurt Tucholsky

ISBN: 9781798572283

 Im Selbstverlag herausgegeben. Kontaktperson:
Seraina Giger/ Kolbenacker 30/ 8052 Zürich
swissmissstories@gmail.com
Umschlaggestaltung: Germancreative von Fiverr
Bild: www.depositphotos.com
2. Auflage

Erhalte eine gratis Packliste

Vergesse nie wieder etwas Wichtiges und verschwende keine Zeit mit Packen. Lese lieber noch mehr gute Tipps über deine Destination! Sende eine E-Mail mit dem Betreff: **Packliste**, um eine gratis Packliste zu erhalten. Zusätzlich bekommst du noch die Highlights aus meinem Thailand Reiseführer.

Schicke die E-Mail an: swissmissstories@gmail.com und du erhältst dein Geschenk.

Inhalt

Gründe, warum du dich auf deine Japanreise freuen kannst, falls du noch nicht ganz überzeugt bist

Japan hat leckeres Essen, das man an jeder Ecke findet, schnelle Shinkansen-Züge und ein gutes öffentliches Nahverkehrssystem. Du kannst moderne Wolkenkratzer erklimmen und auf Futons in traditionellen Ryokans schlafen. Es scheint ein System und Regeln für alles zu geben. Im Gegensatz dazu, wirst du vielleicht überrascht sein von den verrückten, überfüllten und farbenfrohen Orten, die sich normalerweise in der Nähe eines ruhigen Schreins befinden. Lass dich im Frühling von rosa Blüten umgeben und genieße im Winter einige der besten Pulverschneebedingungen. Außerdem kannst du einen flüchtigen Blick auf den mysteriösen Berg Fuji erhaschen. Fuji ist das ganze Jahr über ein beeindruckender Anblick.

Über die Autorin dieses Buches

Meine ganze Freizeit verbringe ich auf Reisen oder Ausflügen. Du kannst mehr erfahren auf meinem Blog: www.swissmissontour.com
Ich liebte jede Minute, die ich in Japan verbrachte. Es gibt so viel zu sehen und zwei Wochen in Japan werden nicht für alles reichen. Die Chance ist groß, dass deine erste Reise nach Japan nicht die letzte sein wird (nur schon, um mehr von diesem köstlichen japanischen Essen genießen zu können). Wenn du jedoch nur eine kurze Zeit in Japan verbringen kannst, wird dir dieses Handbuch dabei helfen, in einer begrenzten Zeit die Highlights zu erleben.

Genieße deine Reise und esse einige Gyozas und Ramen Suppen für mich.

1 Japan Highlights

1.1 Tempel

Entdecke die schönsten Tempel von Japan.

1 Chureito Pagode

2 Fushimi Inari Schrein

3 Todai-ji Tempel

1.2 Städte

Besuche die spektakulärsten Städte.

1 Tokyo

2 Kyoto

3 Beppu

1.3 Essen

Esse die köstlichsten japanischen Gerichte.

1 Ramen

2 Shabu Shabu

3 Sashimi

1.4 Die Verrücktheit, die wir von Japan erwarten

Sauge die Verspieltheit der Japaner in dir auf.

1 Harajuku (Bild unten)

2 Erwecke das Kind in dir, z.B. auf einer Go-Kart-Fahrt durch Tokio, verkleidet als Mario Kart Figur.

3 Schlafe in einem Love Hotel mit Themenzimmern oder alleine in einer engen Kapsel

1.5 Fühle dich ganz ZEN

Ruhe aus und lass deine Gedanken wandern.

1 Entspanne in einem japanischen Onsen
2 Sei verzaubert vom magischen Antlitz vom Berg Fuji

3 Staune über die Ordnung an dicht bevölkerten Bahnhöfen

2 Dinge, die du vor deiner Reise beachten solltest, um die beste Zeit in Japan zu haben

2.1 Sechs Tipps, um günstige Flüge zu finden

Japan ist ja bekanntlich nicht günstig. Zumindest den Flug kann man sich jedoch relativ schnell leisten, wenn man richtig sucht. Mein Rückflug von Genf nach Tokio im April kostete mit Qatar Airways $ 630. Normalerweise ist es viel billiger, von Frankfurt oder Berlin zu fliegen (ungefähr $450, wenn man ein Schnäppchen findet), aber dieses Mal war ich froh, dass der beste Flug in der Schweiz startete.

Die folgenden Tipps helfen dir, günstige Flüge nach Japan zu finden.

1 Benutze mehrere Flugsuchmaschinen

Ich beginne normalerweise mit **Skyscanner** und danach vergleiche ich die Deals mit **CheapTickets** und/oder **Opodo**. Diese Seiten neigen dazu, die günstigsten Preise zu haben. Bei Skyscanner zum Beispiel, kannst du eine Preiswarnung einstellen, die dich mit einer E-Mail informieren wird, falls es billigere Flüge gibt. Eine andere Möglichkeit besteht darin, den Flug direkt in Google einzugeben, um eine ungefähre Schätzung zu erhalten, wie hoch der Flugpreis sein wird. Am Ende schaue ich immer auf den Webseiten meiner Lieblingsfluglinien (Swiss, Emirates und Singapore). Weitere Fluggesellschaften, die oft gute Preise haben, sind Qatar, Etihad, Tuifly, Condor und Lufthansa.

2 Sei frühzeitig und buche deine Flüge mindestens drei Monate im Voraus

Wenn du die Daten deines Urlaubes kennst, besteht kein Grund, mit dem Buchen des Fluges zu warten. Sie werden mit der Zeit nur teurer. Wenn du jedoch sehr flexibel bist mit deinen Plänen, schau auf **Urlaubsguru** nach günstigen Last-Minute Schnäppchen und anderen großartigen Angeboten.

3 Sei ein wenig flexibel

Überprüfe die Daten drei Tage vor und nach den Flugdaten, die du ausgewählt hast. Es kann einen Unterschied von bis zu $ 300 ausmachen! Wenn du mit **Cheaptickets** oder **Skyscanner** suchst, ist es einfach, die Preise als Tabelle an verschiedenen Daten anzeigen zu lassen.

4 Reise von nahegelegenen Flughäfen und in mehreren Abschnitten

Besonders wenn du aus Europa verreist, ist es sinnvoll, die Flughäfen in den umliegenden Ländern zu überprüfen. Gegebenenfalls kannst du von deinem Land einen Anschlussflug kaufen, um dorthin zu gelangen. Billigere Flughäfen sind Berlin Tegel, Frankfurt am Main, Düsseldorf, München, Mailand, Genf, Amsterdam und Brüssel. Wenn du also genug Zeit hast, lohnt es sich manchmal, in mehreren Etappen zu reisen. Fliege zum Beispiel von Hamburg nach Amsterdam und dann von Amsterdam nach Tokio. Berechne einfach genug Zeit im Anschlussflughafen, für den Fall, dass dein erstes Flugzeug verspätet ist. Schliesslich musst du dein Gepäck holen für den neuen Flug erneut einchecken.

5 Abonniere den Newsletter von deinen Lieblings-airlines

Newsletter bieten immer noch Mehrwert und oft findest du günstige Ticketpreise in Newslettern. Im Moment bekomme ich regelmäßig Sonderangebote von Emirates, Qatar und Etihad. Die Schweiz bietet einen guten Service, aber leider haben sie kaum die niedrigsten Preise. Übrigens bietet **SwissMissOnTour** auch einen Newsletter an. Du kannst dich auf www.swissmissontour.com anmelden, um meine neuesten Blogposts und eine kostenlose und hilfreiche Packliste zu erhalten.

6 Lösche deinen Browserverlauf

Die Webseiten, auf denen du deine Flugtickets nach Japan gesucht hast, werden dich bei deinem zweiten Besuch wiedererkennen und die Preise ein wenig erhöhen, da du immer noch interessiert bist. Wenn du also eine Erhöhung des Preises feststellst, ist das Erste, was zu tun ist, die Website zu schließen, den Browserverlauf zu löschen und dann die Suche erneut zu starten, sobald du bereit bist, zu buchen.

Betreffend deiner Ankunftszeit...

Wenn du deinen Flug buchst, solltest du beachten, dass die öffentlichen Verkehrsmittel von den Flughäfen in Tokio um Mitternacht anhalten und die meisten Hostels den Check-In nach 22 Uhr einstellen. Daher könnte es schwierig sein, ein Hotel zu finden, wenn dein Flug spät in der Nacht landet. Wenn du jedoch zu einer normalen Zeit ankommst, kannst du gut ein Hotel auf deiner Lieblingsbuchungsseite buchen (z.B. **booking.com**).

2.2 Kurioses – Japanische Toiletten

Während meinen Reisen habe ich viele spezielle Toiletten benutzt. Manche waren nur ein Loch im Boden, manche waren eine Hütte ohne Tür, mit Blick auf die afrikanische Savanne und andere waren wie das Paradies, weil ich endlich ein makellos sauberes Zimmer gefunden hatte. Trotzdem hatte ich nie das Gefühl, dass ich den Toiletten ein Buchkapitel widmen sollte. Dies änderte sich mit meinem Besuch in Japan, denn drei Dinge waren völlig unerwartet:

- Auf japanischen Toiletten kann man Musik oder Wassergeräusche laufen lassen, damit einem die anderen Toilettenbenutzer nicht pinkeln hören.
- Der WC Sitz ist beheizt
- Es hat so viele Knöpfe an der Toilette, dass es manchmal schwierig ist, die richtige Spüle zu finden.

Zu Punkt 1:

Dies finde ich eine echt sympathische Erfindung, die man ruhig auch in anderen Ländern einführen könnte.

Zu Punkt 2:

Manchmal waren die Sitze fast etwas zu warm, aber die lieben Japaner wollen halt vermeiden, dass man sich auf der Toilette eine Blasenentzündung holt. Falls es dich stört, musst du vorher deine Oberschenkel trainieren, damit du die Toiletten halb stehend benutzen kannst.

Zu Punkt 3:

Um zu spühlen hat es entweder einen quadratischen Knopf an der Wand, einen normalen Spühlknopf oder ein Seil am Spühlkasten, an welchem du ziehen musst.

Dies sind die Zeichen, um zu spühlen: 大 (für dein großes Geschäft) und 小 (für dein kleines Geschäft).
Hier die weiteren Bedeutungen der Zeichen, die dir bei deinem Toilettenbesuch begegnen können:

おしり Spray – dein Po wird geduscht werden
ビデ Bidet – die Dusche verschiebt sich ein bisschen nach vorne
水勢 Water Pressure – du kannst den Wasserdruck der unteren Dusche ändern
音 Sound – du wirst ein Spülgeräusch hören, aber es fließt kein Wasser
音量 Volume – das Spülgeräusch wird lauter
音停止 Sound Stop – das Spülgeräusch hört auf
パワー脱臭 Power Deodorizer – Die Toilette macht komische Geräusche
止 Stop – Die Wasserdusche hört auf

Vergiss nicht, dass du in Privatwohnungen jeweils die extra Toilettenhausschuhe anziehen musst, um ins Bad zu gehen. Nach dem Beenden des Geschäfts, die Hausschuhe dann wieder wechseln. So bleiben die Bakterien im Bad und werden nicht in der Wohnung verteilt.

2.3 Japan Rail Pass (JR Pass) – wo man ihn kauft und weitere Informationen über japanische Züge

Japan bietet Ausländern einen speziellen Reisepass, damit sie zu einem günstigeren Preis in Zügen reisen können. Wenn du innerhalb von 1, 2 oder 3 Wochen große Entfernungen zurücklegen willst, lohnt es sich, einen Japan Rail Pass zu kaufen. Hier ist die offizielle Webseite (http://www.japanrailpass.net/) mit Infos über den Pass und den aktuellen Preisen. Du kannst den Pass sowohl online bei Drittanbietern (z.B. https://www.japan-rail-pass.com/services/pocket-wifi) kaufen wie auch an ausgewählten Verkaufsstellen in Japan.

Was musst du mit deinem JR Pass Gutschein machen?

Sobald du den Pass gekauft hast (wir hatten einen 14-Tage-JR-Pass für ungefähr $411), erhältst du einen Gutschein, den du bei deiner Ankunft in Japan gegen den echten Pass eintauschen musst. In allen größeren Städten findest du dazu mehrere Büros. Die Schlangen am Flughafen Narita und Haneda werden sehr lang sein und du musst vielleicht bis zu 1,5 Stunden warten. Daher möchtest du evtl. ins Stadtzentrum fahren und den Gutschein in Tokyo, Ueno,

Shinjuku, Shibuya, Ikebukuro oder Shinagawa tauschen, wo du nicht warten musst. Beachte auch, dass die üblichen Bürozeiten am Flughafen von 7.45 bis 18.00 Uhr sind und internationale Flugzeuge normalerweise vorher oder nachher ankommen. Aber sobald du deinen JR Pass hast, hast du auch ein schönes Souvenir mit einem Bild von einem Kirschbaum.

Nehmen wir Japans ÖV-System genauer unter die Lupe

- **Wie viel kostet ein Ticket?**

Eine sehr nützliche Website für die Überprüfung von Fahrpreisen und Fahrplänen ist **Hyperdia: www.hyperdia.com**. Du findest heraus, welchen Zug du nehmen musst und wie lange es dauert. Andernfalls kannst du zum Bahnhof gehen und den Fahrpreis am Ticketautomaten überprüfen. Die Sprache lässt sich auf Englisch umstellen.

Eine Fahrt mit der U-Bahn in Tokio kostet zwischen 1,70 und 3,40 US-Dollar. Zum Glück gibt es viele Züge, die zum Netz der *Japan Rail* gehören, welche du somit mit deinem Japan Rail Pass kostenlos nutzen kannst. Falls du keinen JR Pass hast, kannst du natürlich auch einen U-Bahn-Tagespass für ca. $8 kaufen. Die U-Bahn-Preise sind in den meisten Städten ähnlich.

Einige Zonen außerhalb von Tokio werden leider nicht vom JR Pass abgedeckt. Eine halbe Stunde Fahrt mit dem Bus kostet normalerweise 10 Dollar und die zusätzlichen Bahnfahrkarten zwischen 10 und 15 Dollar.

Eine Fahrt mit dem Shinkansen von Tokio nach Kyoto kostet ca. $140 pro Strecke, wenn man es separat bezahlen muss. Mit deinem JR Pass kannst du diese Züge kostenlos nutzen (nicht reservierte Plätze).

- **Werde ich einen Platz haben, ohne Sitz-reservation?**

Auf dem Shinkansen, ja. Diese Züge sind sehr geräumig. Wir hatten nie ein Problem, einen oder mehrere Plätze in den nicht reservierten Abteilen zu finden. Die Nahverkehrszüge können jedoch zu bestimmten Zeiten sehr überfüllt sein. Dann musst du die wenigen Haltestellen vielleicht fest eingeklemmt und stehend zwischen vielen Japanern fahren. Ich hoffe nur, dass du nicht zu Stoßzeiten mit all deinem Gepäck reist. Jedoch konnte ich nicht sagen, wann die Hauptverkehrszeiten waren, denn sie schienen zu sehr seltsamen Zeiten wie 10.30 Uhr zu sein.

- **Wie kommst du zu den Zügen?**

Zeige deinen JR-Pass dem Bahnhofsvorsteher am Drehkreuz. Es hat einen oder mehrere an jedem Bahnhof und er wird dich durchlassen. Die Geleise sind nummeriert und es gibt große Bildschirme, die die Namen und Zeiten der Stadt in japanischer und englischer Sprache anzeigen. Es ist nicht anders als in anderen Ländern, um zum richtigen Perron zu kommen.

- **Hat es im Zug genug Platz für mein Gepäck?**

Im Shinkansen gibt es an jedem Wagenende einen Gepäckraum. Zusätzlich gibt es eine Gepäckablage, auf welcher du problemlos einen 75L Rucksack über den Sitzen verstauen kannst. Außerdem hast du so viel Beinfreiheit, dass die meisten Leute ihren Koffer einfach vor die Knie stellen.

2.4 Suica Card, um dein Leben einfacher zu machen

Wenn du längere Zeit in Japan reist und nicht nur JR-Züge benutzt, sparst du mit der Suica Card viel Zeit. Sie ähnelt der Londoner Oyster Card. Du lädst eine bestimmte Menge Geld auf die Karte und von da an berührst du einfach die Drehkreuzschaltflächen, wann immer du öffentliche Verkehrsmittel benutzt. Du kannst mit der Karte sogar Dinge an Verkaufsautomaten oder in einigen Geschäften an den Bahnhöfen kaufen. Zu Beginn gibt es eine Depotgebühr von 500 Yen und danach fügt man der Karte einfach mehr Geld hinzu, sobald der Betrag ausgeschöpft ist.

2.5 Allgemeine Tipps für Japan

Japan scheint im Vergleich zum Rest der Welt seine eigenen Regeln zu haben und manchmal bleibt man stehen und schüttelt verwundert den Kopf. Dies bedeutet nicht, dass du dich verloren fühlen musst. Die folgenden Reisetipps für Japan werden dir helfen, eine wunderschöne Zeit auf deiner Reise zu haben.

Preise

Man hört immer, dass Japan so teuer ist, aber verglichen mit der Schweiz und den skandinavischen Ländern ist Japan günstiger. Hier ist eine Budgetaufstellung für Japan:

Verkehrsmittel

Das einzige, wofür du tief in die Tasche greifen musst, sind die Fahrpreise für die öffentlichen Verkehrsmittel. Wir gaben $411 für einen zweiwöchigen Japan Rail Pass aus, der sehr wertvoll ist, wenn du in verschiedene Städte reist. Darüber hinaus haben wir immer noch ungefähr $7 pro Tag für lokale Züge und Busse (einschließlich den Fahrten nach Hakone und Fuji Valley (5 Seen Region)) ausgegeben.

Unterkünfte

Du findest alles von einem Bett in einem Hostel-Mehrbettzimmer für $18, zu einem Airbnb für $21 und einem Hotel für $35 pro Person. Allerdings wären diese an Standorten etwas abseits der Innenstadt, aber dennoch gut erreichbar. Im Zentrum fangen die Preise für ein Hostel bei 28 Dollar an und reichen ab da bis ins unermessliche.

Essen

Diese Preise haben mich am meisten überrascht, denn das Essen in Japan kostete nicht so viel wie ich erwartet hatte. Natürlich kannst du auch viel bezahlen, aber wir fanden, dass egal wie viel wir zahlten, das Essen immer lecker war.

Supermarkt

Hier kannst du deinen Bauch mit Sushi/Sashimi ab $4 und anderen kompletten Gerichten bis zu $7 füllen. Zwei Liter Wasser kosten etwa 90 Cent und ein billiger Eistee 60 Cent. Alle anderen süßen Getränke sind ungefähr so teuer wie in den Getränkeautomaten unterwegs (ca. $1.70).

7/11 und Lawson

Dies sind die zwei häufigsten Supermärkte, die du überall findest. Zudem haben sie die günstigsten Preise für Snacks und Kaffee ($1.20).

Ramen und Udon Restaurants

Dies waren unsere Lieblingsorte zum Essen, weil sie immer lecker waren und in den meistens konnten wir unsere geliebten Gyozas als Beilage bestellen. Für eine Nudelsuppe oder kalte Nudeln zahlten wir zwischen $3 und $8 je nach Restaurant. Hier bevorzugte ich die billigeren Kettenläden, weil man immer so viele kleine Gewürze und Gemüse hinzufügen durfte.

Restaurants mit Fleisch

Ganze Menus mit Reis, Suppe und Fleisch oder Shabu Shabu (Hot Pot) oder Tischgrill kosten ab 12 Dollar aufwärts.

Snacks für zwischendurch

In Japan gibt es keine zehn Quadratmeter, in denen man kein Essen kaufen kann. Du kannst alle möglichen Imbisse finden. Es reicht von Edamame Bohnen ($1.70) zu verschiedenen Arten von Fleischspießen (Yakitori) oder frittiertem Hühnchen (besser als in jedem anderen Land, in welchem wir jemals Chicken Nuggets gegessen hatten, $1.70- $3) zu Süßigkeiten und Eis ($2.50 bis $8).

Ankunftszeit

In keinem anderen Land hatte ich jemals so viele Probleme, in ein Hotel einzuchecken oder mein Gepäck gratis aufbewahren zu lassen, wie in Japan. In den meisten Hotels kannst du nach 22 oder 23 Uhr nicht mehr einchecken. Gib deshalb bei der Buchung, um sicherzugehen, immer deine Ankunftszeit an und bespreche deine Optionen. Check-in Zeiten, zu welchen du keine Probleme haben wirst, sind von 17.00 bis 20.00 Uhr. In einem Airbnb ist es anders. Die sind viel flexibler und entgegenkommender.

Gepäck

Japan ist dicht bevölkert und es gibt keinen Platz für großes Gepäck, wenn du herumreist. In den Städten hat es keine Gepäckaufbewahrung, sondern nur Schließfächer. Ein 50L Rucksack passt überall hin. Im Onsen war diese Rucksackgrösse gratis und die Größeren kosteten $3 oder $4 für 24 Stunden. Mit einem größeren Koffer könnte es Schwierigkeiten geben, dass er in die Schließfächer passt. Außerdem ist es ziemlich unpraktisch, einen Koffer durch die U-Bahn-Drehkreuze oder den Bahnhof zu quetschen. Daher empfehle ich, mit einem 50L oder noch einem leichteren Rucksack zu reisen. Außer natürlich, wenn deine Reisegruppe deinen Gepäcktransport organisiert.

JR Pass

Der Japan Rail Pass ist ein spezielles Zugticket für Touristen, die in Japan reisen und du kannst viel Geld sparen, wenn du einen JR Pass kaufst. Lese das Kapitel 2.3 mit weiteren Informationen zum Japan Rail Pass.

Wo kannst du in Japan übernachten?

Die günstigsten Orte für ein oder zwei Personen sind definitiv Kapselhotels, in denen du eine „Zelle" für dich hast und ein gemeinsames Bad teilst. Beachte, dass einige von ihnen ausschließlich für Männer sind und überprüfe dies vor der Buchung. Es gibt viele reizende Hostels, in welchen die Angestellten sogar Englisch sprechen und wo du kostenlose Stadtpläne erhältst. In der Hotelkategorie findest du alle internationalen Hotelketten und japanische Geschäftshotels, die einfach, aber billiger als andere Hotels sind. Wenn ihr für eine Nacht ein wirklich schönes Zimmer mit vielen Extras haben möchtet, versucht es in einem Love Hotel (es macht auch Spaß, wenn du nicht mit deinem Partner dorthin gehst, weil die Zimmer wirklich hübsch sind). Beachte, dass es nicht üblich ist, diese Zimmer für mehr als eine Nacht oder ein paar Stunden zu buchen. In jenem Love Hotel, in welchem wir waren, konnten wir unser Gepäck auch tagsüber nicht lagern. Es ist wirklich nur ein Platz für eine schnelle Nacht in einem schönen Bett mit gratis Schnickschnack auf dem Zimmer.

Wie man in Japan den Zugfahrplan herausfindet

Am einfachsten planst du deine Reise, indem du deinen Start- und Zielort auf **Hyperdia** eingibst. Dort erfährst du, wo du umsteigen musst und wie viel die Fahrt kostet.

Wenn du den JR-Pass hast, sind alle Züge außer der Nonzomi kostenlos (Hyperdia lässt dich die Transportmittel, die du nicht benutzen möchtest, deaktivieren und ist daher sehr praktisch).

Japanische Sprache

Es ist äußerst überraschend, wie wenig Englisch die Japaner sprechen können. Auf der anderen Seite sind die Menschen sehr hilfreich und werden alles links liegen lassen, was sie gerade tun, um herauszufinden, was du brauchst. Wenn du keine Angst hast, eine Person nach der anderen anzusprechen, wirst du schließlich die Antwort erhalten, die du wissen wolltest. Es ist sehr hilfreich, wenn du die Orte, wo du hin willst, auf Japanisch aufgeschrieben hast.

Wi-Fi

Alle unsere Unterkünfte boten kostenloses WLAN. Außerdem gibt es kostenloses Wi-Fi im 7/11, Starbucks und an vielen öffentlichen Orten in den größeren Städten. Wenn du jedoch nicht ohne ständige Wi-Fi-Verbindung auskommst, ist es sehr einfach, ein tragbares Wi-Fi-Gerät zu kaufen.

Wie du deinen Weg findest

Normalerweise benutze ich die ***NokiaHere*** App, um mich in einem fremden Land zurechtzufinden, aber die Karte von Japan war da nicht verfügbar. Daher habe ich **maps.me** auf meinem Handy installiert und Japan zur Offline-Nutzung heruntergeladen. Das war jeden Tag ein sehr nützlicher Begleiter und brachte mich immer an den Ort, an den ich gehen wollte.

2.6 Japanisches Essen, das du unbedingt probieren musst (es gibt so viel mehr als Sushi)

Mhmm, mir läuft schon das Wasser im Mund zusammen, wenn ich nur an japanisches Essen denke. Es gibt so viel zu essen in Japan und es hat ein Restaurant oder einen Essensstand nach dem anderen. Es ist nicht möglich, in Japan jemals hungrig zu sein.

Wenn du an Japan denkst, ist das erste Essen, das dir in den Sinn kommt wohl Sushi. Das ist lecker, ja, aber Japan hat so viele kulinarische Highlights. Hier sind einige, die du ausprobieren musst!

- **Ramen ラーメン**

Ramen sind Nudelsuppen mit allerhand verschiedenen Zutaten (z.B. Sojasauce, Schweinebraten, Algen, Frühlingszwiebeln, Lauch und natürlich die Ramen Nudeln). Ramen Restaurants sind günstig und oft werden die Nudeln selbst hergestellt. Außerdem gab es in meinem Lieblingsramenrestaurant die besten Gyozas.

- **Gyoza-Shops 餃子**

Von Gyoza kann ich nicht genug bekommen. Sie sind ähnlich wie chinesische Dumplings, aber mit einem etwas härteren Teig. Gyozas sind mit Gemüse und/oder Fleisch gefüllt und vor dem Essen dippst du sie in Sojasauce.

- **Tempura 天ぷら**

Frittierter Fisch und Gemüse heißen in Japan Tempura. Wer will schon frittierte Kartoffeln, wenn es auch mit allem anderen geht? Ein guter Snack für zwischendurch.

- **Curry Reis カレーライス**

Curry Reis wurde zum täglichen Lieblingsgericht meiner Reisebegleitung. Du kannst es in vielen verschiedenen Variationen essen. Fast jede Region hat ihr eigenes Rezept für Curry-Reis und deshalb wirst du viele Geschmacksunterschiede finden.

- **Shabu-Shabu**

Die japanische Version von Fondue Chinoise (Hot Pot). Du wählst Fleisch und Gemüse und kochst es dann in einer Suppe vor dir auf dem Tisch. Danach taucht man es je nach Restaurant in Sojasauce oder in eine andere Sauce. Wahnsinnig lecker! Und ziemlich leichte Kost, da es ja nicht frittiert wird.

- **Sushi und Sashimi** (okay, ich MUSS es ja erwähnen)

Wenn du Sushi in deinem Heimatland magst, wirst du es in Japan lieben! Du kannst sogar im Supermarkt Sashimi (rohe Fischstücke ohne Beilage) für $3 für eine recht große Portion finden. Genial! Das japanische Wort für Thunfisch ist übrigens Maguro.

- **Udon うどん**

Udon Nudeln sind dicker als Ramennudeln, aber wenn du Ramen magst, wirst du auch Udon mögen.

- **Soba そば**

Soba sind die japanischen Spaghetti. Sie sind wiederum dünner als Udonnudeln und werden im Winter warm und im Sommer kalt gegessen. Ich konnte mich nicht wirklich daran gewöhnen, kalte Nudeln zu essen, aber ich denke, das ist Geschmackssache. Wenn du Nudelsalat magst, wirst du auch kalte Soba Nudeln mögen.

- **Yakitori 焼き鳥**

Yakitori sind kleine Spießchen, die du fast an jeder Ecke findest und an kleinen Ständen kaufen kannst. Ein praktischer Snack.
Die Preise beginnen bei 650 Yen.

- **Obento お弁当**

Obentos sind kleine Boxen, die in jedem Fach ein anderes Gericht enthalten. Man findet sie in Supermärkten oder Restaurants zum Mitnehmen.

- **Korean BBQ**

Du kochst dein eigenes Fleisch und Gemüse auf einem kleinen Grill oder einer heißen Oberfläche vor dir auf dem Tisch und tauchst es in verschiedene Saucen oder Salz. Sehr lecker!

- **Matcha Eis und alles Weitere mit Matcha**

In Japan könnte es dir schwindlig davon werden, so viele Geschäfte mit grünem Essen und grünen Getränken zu sehen. All das dank Matcha Grünteepulver. Ich liebte besonders das Softeis für 3 Dollar.

- **Geheimtipp:**

Um einen super Deal für Essen zu bekommen, musst du Supermärkte besuchen, bevor sie schließen. Supermärkte bieten eine Vielzahl an Sushi, Sashimi, Tempura, Obento und Beilagen. Kurz bevor der Supermarkt schließt, kannst du spottbillige Sonderangebote finden.

3 Zweiwöchige Reiseroute, um das Beste aus Kultur und Natur zu sehen

Deine perfekten zwei Wochen in Japan

Es gibt keine Möglichkeit, in zwei Wochen alles von Japan zu sehen. Mit dieser Reiseroute kannst du jedoch beruhigt sein, jeden Tag ein Höhepunkt in Japan erlebt zu haben. Achte nur darauf, das Wetter zu überprüfen und den Plan entsprechend anzupassen. Für Ausflüge, die Mt. Fuji beinhalten, ist es wichtig, einen sonnigen Tag zu erwischen und es lohnt sich, wirklich früh aufzustehen. Und jetzt, viel Spaß beim Erkunden.

Ankunft

Für internationale Flüge ist es am einfachsten nach Tokio (Haneda oder Narita Flughafen) zu fliegen. Viele Flüge kommen früh am Morgen oder spät in der Nacht an. Wenn du am Morgen ankommst ist es kein Problem. Fahre zu deinem Hotel, um dein Gepäck abzuladen und danach kann die Erkundungstour anfangen. Du kannst dein Gepäck auch irgendwo in einem Münzschließfach deponieren. Wenn du jedoch spät in der Nacht ankommst, könnte es schwierig sein, in ein Hostel/Hotel ein-zuchecken. Vielleicht ist die Übernachtung am Flug-hafen Haneda eine Option? (Überfliege dazu meine Tipps in Kapitel 4.1 Ankunft am Flughafen Haneda und der beste Weg in die Stadt).

Tag 1, Tokio

Wenn du sowieso an Jetlag leidest und nicht schlafen kannst, warum nicht am Morgen zum **Fischmarkt** gehen? Wenn du deinen Bauch mit Sashimi oder Sushi gefüllt hast, könntest du das Ginza-Gebiet erkunden. Es ist ein bisschen wie die 5th Avenue in NYC und du wirst höchst-wahrscheinlich deinen ersten Roboter am Eingang eines großen Ladens treffen. Das Einkaufszentrum Shiodome ist auch zu Fuß erreichbar. Im Panasonic Showroom, gibt es kostenlose Schließfächer für dein Gepäck (100 Yen Depot) und die Klimaanlage im Laden fühlt sich großartig an. Wenn du bereit bist für eine Grünfläche, gehe zum **Koishikawa Korakuen Garten**. Oder, wenn du im Besitz eines JR-Passes bist, kannst du die grüne Yamanote-Linie nehmen und das Zentrum von Tokio einmal umrunden (dies dauert etwa 1 Stunde). Leider ist viel davon in Tunneln, aber du bekommst dennoch einen kurzen

Überblick über die verschiedenen Bezirke, während deine Füße entspannen können.

Tag 2, Tokio

Starte um 8 Uhr am **Tokyo Sky Tree**. Du wirst erstaunt sein, wie ruhig es in dieser Gegend ist. Vor 9 Uhr kannst du nicht einmal frühstücken (abends ist jedoch bis 21 Uhr oder 24 Uhr geöffnet). Du kannst $20 zahlen, um auf die Aussichtsplattform zu fahren oder du kannst dir die Aussicht für später aufbewahren und diese kostenlos auf der **Aussichtsplattform des Regierungsgebäudes** genießen.

Mache einen Spaziergang entlang des Kanals. Im **Sumida-Park** kannst du einen Schrein besuchen und dann entlang des Flusses in Richtung des Asahi-Gebäudes mit seiner Flamme und dem Asakusa-Distrikt gehen. Das ist während der Kirschblütenzeit besonders schön. Neben dem Bahnhof Asakusa landest du plötzlich auf einem geschäftigen Straßenmarkt, auf dem alle Arten von Süßigkeiten verkauft werden. Wenn du den ganzen Weg bis zum Ende gehst, gelangst du zum **Sensoji Tempel**, der sehr belebt ist. Von dort nimmst du die U-Bahn bis zur Station Tocho-mae. Am Regierungsgebäude **(Government Building)** kannst du mit einem Fahrstuhl bis auf 202 m zu einer kostenlosen Aussichtsplattform fahren, von wo aus du einen atemberaubenden Blick über die Stadt Tokyo hast.

Am Nachmittag fährst du weiter nach **Harajuku**, wo du eine absolut verrückte Straße findest. Es ist eine sehr geschäftige und bunte Straße und du kannst dir dort all deine Nachtischträume erfüllen. Mit vollem Bauch kannst du nun das moderne Spiegeltor am Eingang zum Tokyo

Plaza anschauen oder einen Spaziergang durch den Wald machen, um den berühmten **Meiji-Schrein** zu erreichen. Deine Füße sind jetzt zwar müde, aber es lohnt sich, noch nach **Shibuya** zu fahren und den Menschenschwarm am Times Square von Tokio zu beobachten. Wenn du den Film Hatschi magst, ist dies die Station, wo du ein Foto mit der Statue dieses loyalen Hundes machen kannst.

Tag 3, Hakone

Es ist Zeit, Tokyo für einen Tagesausflug nach Hakone zu verlassen. Es gibt ein paar nette Onsen in dieser Gegend und mehrere Wanderungen, die du machen kannst, um Mt. Fuji zu sehen. Lese mehr über die Wanderung zum **Berg Kintoki** im Kapitel 4.4 Tagesausflug von Tokio - Wandern in Hakone.

Tag 4, Fuji-Region

Es ist Zeit, früh aufzustehen und um 7 Uhr einen Zug zum **Kawaguchiko-See** zu nehmen. Steige bei Otsuki aus, um den Fuji-Touristenzug zu besteigen. Dieser kostet extra, aber es ist eine lustige Erfahrung und hat viele schöne Stopps auf dem Weg, wo man ein- und aussteigen kann. Die Chureito Pagode war einer meiner Lieblingsorte in Japan, weil die Aussicht auf Fuji unglaublich war. Du siehst diesen Anblick auf dem Cover dieses Reiseführers.

Während der Kirschblütenzeit Anfang April muss man unbedingt in dieses Tal gehen! Wenn du Ende April oder Anfang Mai hier bist, kannst du auch am **Kawaguchiko-See** einen weiteren Bus nehmen und in ein farbenprächtiges Moos Tal fahren. Einmal im Jahr findet dort das **Shibazakura** Blumenfest statt, das eine lustige Erfahrung wäre. Ansonsten eignet sich dieses Gebiet gut, um eine Fuji-Wanderung zu machen, oder den Fuji Highlands Vergnügungspark zu besuchen.

Tag 5, Tokio

Verbringe einen ruhigeren Tag in der Gegend von **Tokyo Bay** und spaziere über die eindrucksvolle **Rainbow Bridge** (1,5 km), zum Beispiel vom JR Tamachi Bahnhof. Auf der Insel **Odaiba** findest du einen kleinen Strand, eine Freiheitsstatue (ja, wirklich :)), mehrere Einkaufszentren und das Wissenschaftsmuseum. Ein architektonisches Merkmal des Museums ist, dass es aussieht wie der Todesstern in Star Wars.
Später am Abend besuchst du das Oedo Onsen und verbringst die Nacht in einem Thermalbad. Gehe dazu zu Kapitel 4.5 Verbringe die Nacht im Oedo Onsen mit Tipps für deinen Onsen-Besuch.

Tag 6, Kyoto

Am Morgen fährst du mit dem Shinkansen nach Kyoto und erreichst den großen, modernen Glasbahnhof etwa zwei Stunden später. Während deines verbleibenden halben Tages hast du genug Zeit, um die orangefarbenen Tore des **Inari-Schreins** zu besichtigen. Zum Abendessen kannst du zur Nordseite des Bahnhofs zurückkehren, wo sich viele Restaurants befinden. Zum Beispiel in der obersten Etage des Einkaufszentrums über dem Hub Pub. Die Restaurants servieren hauptsächlich Fleischgerichte und panierte japanische Schnitzel, aber auch die andere übliche Auswahl.

Tag 7, Kyoto

Erkunde Kyoto, indem du früh beim **Kiyomizudera** (Wassertempel) anfängst. Es ist ein riesiger Touristenzirkus, aber trotzdem beeindruckend. Es gibt viele Stationen, an denen du Glück sammeln und dir etwas wünschen kannst. Zum Beispiel an der Wasserquelle, die in drei Bäche aufgeteilt ist.

Wenn du vom Hügel zurück in die Stadt gehst, kommst du an vielen Souvenirläden vorbei, wo du ermutigt wirst, alles zu probieren. Weitere Tempel und Statuen, die Glück bringen, wenn sie berührt werden, befinden sich in der nahegelegenen Gegend von **Higashiyama**. Außerdem kannst du Gion besuchen und eine Geisha dabei erwischen, wie sie von einem altmodischen Haus zum anderen eilt. Wenn du hungrig bist, besuchst du die überdachte Einkaufsstraße und das Marktgebiet um die **Nishiki Street**. Inzwischen bist du wahrscheinlich müde von all dem Laufen und es ist höchste Zeit für eine Shiatsu-Massage. Mit neu aufgeladenen Batterien kannst du die restlichen Tempel und Schreine besichtigen.

Tag 8, Nara

Schlafe ein wenig aus und steige dann in den Zug für einen Tagesausflug nach Nara. Der Großteil dieser von Touristen überschwemmten Stadt ist vom Nara-Wildpark bedeckt. Wenn du einfach herumläufst und die wichtigsten Schreine und Tempel besuchst (zum Beispiel den **Todai-ji-Tempel**), wirst du nicht in der Lage sein, den frei herumlaufenden, zahmen Rehen zu entkommen.

Tag 9, Fahrt nach Beppu mit einem Zwischenstopp

Heute geht es mit in den Süden nach Beppu. Auf dem Weg dorthin könntest du beim **Kawachi Wisteria Garden** (**河内藤 園**, Kawachi Fujien) anhalten. Das ist nur interessant, wenn die Blumen Ende April in Blüte sind. Ansonsten könntest du die erste Hälfte des Tages nochmals in Kyoto verbringen und **Arashiyama** mit der berühmten Mondbrücke besuchen und eine entspannte Zeit im Bambushain verbringen. Danach nimmst du dann auch den Zug nach Beppu.

Tag 10, Beppu

Kaufe einen Bus-Tagespass und einen Pass, um alle heißen Quellen (Hells) zu besuchen. Schau dir dieses Naturschauspiel an. Sobald du damit fertig bist, die bunten, kochenden Wasserteiche zu bestaunen und selbst nach Schwefel riechst, ist es Zeit, sich für eine Weile zu entspannen. Wie wäre es mit einem Schlammbad im **Hoyo Land**? Oder ein Onsen mit einem schönen Blick über das Meer und milchig blauem Wasser?

Tag 11, Osaka

Steig am Morgen in den Zug und fahre nach Osaka. Lass das Gepäck in einem Schließfach und erkunde den Park rund um die **Burg von Osaka**. Besuche Osaka Castle und lerne etwas über Osakas Geschichte. Am frühen Abend begibst du dich zum **Umeda Sky Building** und nimm den Aufzug zur Aussichtsplattform. Mach Fotos während, vor und nach Sonnenuntergang.

Tag 12, Osaka

Statte Osakas Aquarium einen Besuch ab. Es ist das größte der Welt und beheimatet zwei Walhaie. Danach kannst du dich für den Rest des Tages in Osakas Einkaufszentren verlieren. Kaufe dir ein paar Souvenirs und esse nochmals all deine japanischen Lieblingsspeisen.

Tag 13, Kyoto

Fahr nach Kobe und gib $75 für ein Mittagessen für das beste Rindfleisch der Welt aus. Es lohnt sich, etwas mehr für einen zarten Teil des Kobe Beefs zu zahlen. Danach hast du Zeit, mehr von Kobe zu erkunden, bevor du in den Shinkansen zurück nach Tokio steigst.

Tag 14, Tschüss, Japan

Falls du heute schon nach Hause fliegen musst, solltest du dir auf dem Weg zum Flughafen nochmals ein Matcha Gebäck oder Getränk gönnen. Wenn dein Urlaub in Japan jedoch noch länger dauert, kannst du dir noch einige Tagesausflüge ab Tokio anschauen.

4 Tokyo und Umgebung

Tokio ist eine riesige und sehr abwechslungsreiche Stadt und trotzdem ist es sehr einfach, in Tokio herum zu navigieren und die verschiedenen Sehenswürdigkeiten in Tokio zu finden. Ich liebte Tokio, denn obwohl es jedes Jahr Millionen von Besuchern gibt, hatten wir nie das Gefühl, dass viele Touristen um uns herum waren. Tokio hatte eine authentische, japanische Stimmung und war verglichen mit Kyoto weniger ein Touristenzirkus. Daher ist Tokio ein Muss!
Wahrscheinlich landest du sowieso am Flughafen Narita oder Haneda. Mein Flugzeug landete um 23 Uhr und zu dieser Zeit war es uns nicht mehr möglich, zu einem Hostel zu kommen. Daher testete ich für dich das Übernachten am Flughafen Haneda. Du findest eine detaillierte Nachzählung im nächsten Kapitel, aber lass es mich dir jetzt schon sagen; Falls du jemals an einem Flughafen schlafen willst, ist Haneda deine beste Wahl!

4.1 Ankunft am Flughafen Haneda und der Weg in die Stadt

Die Nacht am Flughafen Haneda zu verbringen, ist vielleicht nicht das, was du dir für deine erste Nacht in Tokio vorgestellt hast. Ich war in einem so fortgeschrittenen Land wie Japan sehr überrascht, dass die öffentlichen Verkehrsmittel von ca. 0.30 Uhr bis 4.30 Uhr anhalten und in vielen Hotels nicht nach 22.00 Uhr eingecheckt werden kann. Wenn ein verspäteter Check-In angeboten wird, ist es in der Regel gegen eine Gebühr.

Wenn du also deine erste Nacht in Japan lieber am Flughafen verbringen möchtest, ist Haneda die ideale Wahl dafür.

Vorteile einer Übernachtung am Flughafen Haneda

1. Viele Menschen übernachten am Flughafen Haneda

Da es so schwierig ist, einen geeigneten Ort zu finden, wo man spät in der Nacht noch hingehen kann, ist es sehr üblich, die Nacht am Flughafen zu verbringen. Niemand wird dich stören und du wirst in guter Gesellschaft unter Mitreisenden sein.

2. Du findest viele gute Plätze zum Schlafen

Es gibt viele Bänke, wo man sich hinlegen kann. Gehe einfach ein wenig herum, um einem Ort mit weniger Licht zu finden. Im Untergeschoss neben dem Lawson Convenience Store (24 Stunden geöffnet) gibt es Reihen mit weichen Stühlen, auf denen du dich ausbreiten kannst. Das gleiche findest du in der obersten Etage, wo du auch die kostenlose Aussichtsplattform betreten kannst, von der du einen wunderschönen Sonnenaufgang erleben wirst.

3. Du wirst nicht verhungern

Du kannst die ganze Nacht hindurch etwas zu Essen oder Trinken finden. Verschwende keine Zeit damit, deine erste leckere japanische Mahlzeit hinauszuzögern. Essen zu warten. Es gibt einen Lawson-Laden auf der untersten Ebene, mehrere Restaurants auf der zweiten Etage und überall hat es Automaten.

4. **Die Klimaanlage ist auf ein angenehmes Niveau eingestellt**

Die Räume sind nicht so kalt wie in einigen europäischen Flughäfen.

5. **Um in Eile den Flughafen zu verlassen, wird dich einige Nerven kosten**

Es wird sowieso ewig dauern, den Flughafen zu verlassen, also warum nicht einen Snack kaufen und es sich gemütlich machen?

Nachteile der Ankunft an einem Flughafen in Tokio

Der Nachteil bei der Ankunft am Narita oder Haneda Flughafen ist, dass es ein bis zwei Stunden dauert, um durch den Zoll zu kommen und wenn du deinen JR-Pass Gutschein einlösen willst, wirst du feststellen, dass das Büro nur von 7.45 bis 18.45 Uhr geöffnet ist. Plus, die Schlange vor dem Büro am frühen Morgen ist mindestens 1h 20. Einige Leute kampieren die ganze Nacht vor der Agentur, um die ersten zu sein. Vielleicht ist es sinnvoll, für den Anfang ein U-Bahn-Ticket zu kaufen und später, an einem der größeren Bahnhöfe in Tokio, den JR-Pass umzutauschen.
Sobald du den Flughafen endlich verlassen kannst, dauert es 20 bis 30 Minuten mit der U-Bahn oder dem JR-Zug, um das Stadtzentrum zu erreichen.

4.2 Zwölf Sehenswürdigkeiten, die man in Tokio gesehen haben muss

Wenn du nur eine kurze Zeit in Tokio hast, ist hier eine Liste mit den Sehenswürdigkeiten, die du unbedingt sehen musst.

- **Shinjuku Metropolitan Government Office Building**

Dies war eine meiner Lieblingsattraktionen, weil es völlig kostenlos ist und man einen fantastischen 360-Grad-Blick auf Tokio hat. Das 243 Meter hohe Gebäude hat zwei Türme, welche jeweils ein Observatorium auf 202 Metern Höhe beherbergen. Dies bietet einen guten Start in Tokio, um einen Überblick über die Stadt zu bekommen. Der U-Bahnhof Tocho-mae von der U-Bahn-Linie Oedo befindet sich im Untergeschoss des Tokyo Metropolitan Government Building. Alternativ kann das Gebäude in 10 Minuten zu Fuß vom Westausgang des JR Shinjuku Bahnhofs erreicht werden. Komm im Morgengrauen hierher und beobachte einen wunderschönen Sonnenaufgang über Tokio.

- **Hachiko (Hatschi) Statue**

Während du in Shibuya bist, kannst du ein Foto mit der Statue des berühmten Hundes machen, der jeden Tag treu auf seinen Besitzer wartete. Wenn du den Film „Hatschi" noch nicht gesehen hast, solltest du das tun, bevor du nach Japan kommst.

- **Shibuya Crossing**

Steige am Bahnhof Shibuya aus und erlebe die berühmte, überfüllte und dennoch sehr gut organisierte Kreuzung von Shibuya. Mit seinen vielen riesigen Billboard Bildschirmen würde ich es den Times Square von Tokio nennen.

- **Ein Spaziergang von Asakusa zum Tokyo Sky Tree**

Wenn du dir deine Beine in der Innenstadt von Tokio vertreten willst, aber den Spaziergang nicht mit Millionen von Touristen teilen möchtest, hat dieser schöne Spaziergang entlang des Flusses, durch einen Park und eine ländliche Gegend viel zu bieten. Starte beim **Asakusa Culture Tourist Information Centre**, das ein achtstöckiges Gebäude ist, in welchem du eine Touristeninformation in mehreren Sprachen, kostenloses WLAN, ein Café und eine Aussichtsplattform finden kannst. Die Öffnungszeiten sind von 9.00 Uhr bis 20.00 Uhr und die Aussichtsplattform hat bis 22.00 Uhr geöffnet.

Danach gehst du in Richtung des schwarzen Asahi-Turms mit seiner goldenen Flamme (oder ist es eine Karotte?!) und läufst den Fluss entlang. Du gehst weiter durch den **Sumida Park** und gehst an Wohnhäusern vorbei mit dem großen **Tokyo Sky Tree** als Ziel. Der Spaziergang dauert ungefähr 30 Minuten.

- **Tokyo Skytree**

Nimm den unterhaltsamen Aufzug auf 634 Meter und genieße einen schönen Blick über Tokio. Es ist von 8.00 bis 22.00 Uhr geöffnet und wenn du zwischen 8.00 Uhr und 9.00 Uhr dort bist, musst du kaum in der Warteschlange warten. Da die Umgebung von Tokio oft ziemlich trübe ist, solltest du jedoch besser am Abend kommen, wenn man die vielen Lichter der Stadt sehen kann. Die Fahrt auf die Aussichtsplattform des Skytrees ist eine ziemlich teure Angelegenheit für $20 pro Erwachsener. Bevor du hierher kommst, genießt du also besser die gratis Aussicht im Regierungsgebäude auf 202m.

- **Kaiserlicher Palast**

Besuche den schönen Garten, der zur Kirschblütenzeit besonders toll ist und schieße Fotos vom Kaiserpalast. Jeden Sonntag von 10 bis 15 Uhr kannst du kostenlos Fahrräder ausleihen und auf dem Radweg des Schlossparks fahren. Nach ein paar Tagen in Japan wirst du die vielen Radfahrer bemerkt haben und so wirst du dich auf einem Fahrrad sehr heimisch fühlen. Hole dir dein kostenloses Fahrrad am Sonntag in der **Imperial Cycling Station** hinter **Babasakimon** Tor.

- **Yamanote-Linie**

Wenn du einen Japan Rail Pass besitzt, nimmst du die grüne Yamanote-Linie und fährst einmal um das Zentrum von Tokio. Die gesamte Reise dauert ungefähr eine Stunde. Leider wird viel davon in Tunneln oder zwischen hohen Gebäuden verbracht, aber ab und zu bekommt man einen Einblick in die verschiedenen Viertel (von altmodisch bis sehr schimmernd und glitzernd). Plus, es ist ein guter Weg, um deine müden Füße in einer klimatisierten Umgebung zu entspannen.

- **Harajuku**

Besuche die belebte **Takeshita Dori Street**. Es ist der Lieblingsplatz japanischer Teenager, birgt aber auch viele Schätze für Touristen. Harajuku wartet mit seinen trendigen Geschäften, Secondhand-Läden, Modeboutiquen, Crêpe-Ständen und Fast-Food-Outlets. Besuche auch das **Tokyo Plaza** mit seinem großen Spiegeleingang.

- **Daiso-Harajuku 100 Yen Shop**

Daiso 100 Yen Shops gibt es überall in Japan, aber der in Harajuku ist einer der größten 100 Yen Shops im Zentrum von Tokio. Er bietet eine breite Palette von Waren, einschließlich Kleidung, Geschirr und Essen, auf mehreren Etagen, zu 100 Yen pro Stück. Er befindet sich nur ein paar Schritte vom Harajuku Bahnhof entlang von Takeshita Dori. Da Japan im Allgemeinen nicht so billig ist, widmete ich den 100 Yen-Shops extra ein eigenes Kapitel in Kapitel 12.

- **Sensoji Temple Asakusa**

Dies ist einer der schönsten Tempel in Tokio und auch einer der am meist bevölkerten. Wenn du vom Bahnhof Asakusa zum Tempel gehst, wirst du an einem belebten Markt vorbeikommen, auf welchem Verkäufer allerlei Süßigkeiten anpreisen.

- **Ginza**

Dieser Bezirk könnte am besten als NYCs 5th Avenue von Tokio beschrieben werden. Du findest viele teure Geschäfte und mehrere Einkaufszentren. Bald wirst du deinen ersten Roboter treffen, der dich am Eingang eines Ladens begrüßt. Besuche das **Tokyu Plaza Ginza** (11 bis 21 Uhr, Restaurants bis 23 Uhr). Es bietet 14 Stockwerke und eine coole Dachterrasse mit Blick auf die Stadt.

- **Panasonic Showroom**

Panasonic ist einer von Japans führenden Herstellern von elektronischen Haushaltsgeräten und Produkten für den Innenausbau, wie Spülen, Wasserhähnen, Toiletten, Türen und ganzen Küchen und Wohnzimmern. Der Showroom in **Shiodome** in Tokio zeigt die Inneneinrichtungsprodukte des Unternehmens auf mehreren Etagen. Auch wenn dies für dich nicht von Interesse ist, bieten sie kostenlose Schließfächer an, in denen du dein Gepäck für eine oder zwei Stunden aufbewahren kannst, um deinem Rücken etwas Erleichterung zu verschaffen, während du durch das nahegelegene Viertel Ginza schlenderst. Der Eintritt ist gratis und die Öffnungszeiten sind von 10 bis 17 Uhr

(Einlass bis 16 Uhr). Er ist am Mittwoch, Obon und Neujahr geschlossen.

- **Tsukiji-Markt / Toyosu Markt**

Tsukiji-Markt war Tokios berühmter Fischmarkt, auf dem die interessanten Thunfisch-Auktionen stattfanden. Dieser Markt wurde jedoch 2018 geschlossen und die ganzen Aktivitäten finden nun am Toyosu Markt statt. Dort kannst du dir den Bauch mit frischem Sushi vollschlagen. Wenn du früh aufstehst und ein Ticket hast, kannst du sogar bei einer Thunfischauktion zuschauen. Allerdings musst du dich auf der Webseite: http://pia.jp/piajp/v/toyosushijou19/ anmelden (scrolle ganz nach unten). Meistens kannst du dich in der zweiten Woche des Monats für die Auktionen im Folgemonat anmelden.
Toyosu Markt ist am Sonntag und an Feiertagen geschlossen. Du kommst zum Markt, indem du den Yurikamome Zug nimmst, der auch bei der Odaiba-Insel vorbeifährt.

- **Rainbow Bridge**

Dies ist eine riesige Brücke über der Bucht von Tokio mit einer sehr beeindruckenden Eingangsrampe auf der Westseite. Du betrittst die 1,5 km lange Brücke über den JR Tamachi Bahnhof (vom Bahnhof sind es noch ca. 700 m bis zur Brücke) oder den Shibaurafuto Bahnhof, von wo aus es nur ein kurzer Fußweg zum Eingangstor ist. Du landest auf der Insel Odaiba, wo du einen kleinen Strand, viele Einkaufszentren, das Wissenschaftsmuseum, eine kleine Freiheitsstatue und das Oedo Onsen, unser Lieblings-Onsen in Japan, findest.

- **Fahre deinen eigenen Mario Kart**

Eine lustige Sache in der Tokyo Bay Gegend ist, sich als Charakter von Super Mario zu verkleiden und in einem Go-Kart über die Rainbow Bridge zu fahren. Schau dir hier die Website von **MariCAR** an.

- **Gado-Shita**

Unterhalb der Backsteingewölbe der JR Yamanote Linie findest du auf beiden Seiten des Bahnhofs Yurakucho für etwa 700 m einen belebten Restaurantbereich. Genieße eine Mahlzeit in einem besonderen Ambiente.

- **Koishikawa Korakuen Garten**

Dieser Garten ist von 9.00 bis 17.00 Uhr geöffnet (Einlass bis 16.30 Uhr). Der Eintritt kostet 300 Yen. Koishikawa Korakuen ist ein wunderschöner Landschaftsgarten aus der frühen Edo-Zeit. Dieser Garten ist zu allen vier Jahreszeiten ein Besuch wert. Deshalb gilt er als Tokios schönster japanischer Garten. Er ist in ca. 10 Minuten zu Fuß von Korakuen Station (von den Marunouchi und Namboku U-Bahn-Linien) oder Suidobashi Station auf der JR Chuo-Linie (nur die gelben Nahverkehrszüge halten hier) oder der nahe gelegenen Kasuga Station (Oedo und Mita U-Bahnlinien) zu erreichen.

- **Kirschbäume**

Während der Kirschblütenzeit (normalerweise Anfang April) ist es bereits ein ausreichendes Erlebnis, einfach durch einen Park zu schlendern.

4.3 Tokio an einem Regentag – 7 Ideen, die dich auch an einem regnerischen Tag in Tokio unterhalten werden

Nicht jeder ist während seiner Zeit in Japan mit Wetterglück gesegnet. Aber keine Sorge, an einem regnerischen Tag gibt es viele Dinge, die man in Tokio unternehmen kann. Hier sind 8 Orte, die man am besten bei Regen erkunden kann!

1. Entspanne in einem Onsen

Wenn es aus Eimern gießt, gibt es nichts Besseres als in einer heißen Quelle (Onsen) vor sich hin zu dampfen. Um sicherzustellen, dass du nichts mieten musst, bringst du am besten dein eigenes Handtuch und einen Badeanzug mit. Das Shampoo ist immer inklusive. Meistens wirst du nackt sein und deinen Badeanzug nicht brauchen, aber es gibt ein paar gemischte Onsen, wo du bedeckt sein musst. In den Onsen im höheren Preissegment sind manchmal sogar die Handtücher inklusive. Zum Beispiel im Monogatari Oedo Onsen auf Odaiba. Es ist ein großer Onsenkomplex mit einem Essbereich und Schlafstühlen, wo du sogar die Nacht verbringen kannst. Lese mehr über unseren speziellen Onsenbesuch im Kapitel 4.5.

2. Besuche das Samurai Museum

In Tokio gibt es viele coole Museen, aber da Samurai ein wichtiger Bestandteil der japanischen Kultur sind, würde ich dir dieses Museum empfehlen.
Du findest auf der Webseite des Museums mehr Infos: www.mai-ko.com

3. Besuche das Ramen Museum

Wahrscheinlich wirst du Ramen genauso lieben wie ich. Statte deshalb diesem Museum einen Besuch ab und probiere dich durch verschiedene Nudelsuppen. Du brauchst ca. 50 Minuten, bis du von der Innenstadt zu diesem Museum kommst:
www.raumen.co.jp/english/#access

Für noch mehr Spaß: In Osaka befindet sich auch ein kleines Ramen Museum, das sogar gratis ist.

4. Geh ins Aquarium

Tokio hat zwei Aquarien, aber beide kommen nicht an das Osaka Kayukan Aquarium heran. Falls du auch nach Osaka reist, empfehle ich dir deshalb, mit deinem Aquariumsbesuch zu warten, bis du das größte Aquarium Asiens in Osaka besuchen kannst. Trotzdem sind die Unterwassertunnel in Tokio ein Erlebnis.

5. Kuschle in der Hello Kitty World

Hier erhältst du deine Dosis Pink fürs Leben. Wenn du Kitsch magst, musst du unbedingt in diesen Vergnügungspark (en.puroland.jp/).

6. Teste dein Glück an den Spielautomaten

Nach ein paar Tagen in Japan, werden dir die vielen Spielautomaten aufgefallen sein. Japaner scheinen sie zu lieben. Je lauter die quirligen Melodien, desto besser. Bring Ohrstöpsel gegen die lästigen Geräusche und drücke einige Tasten.

7. Schau dir einen Film oder ein Theaterstück an

Sieh dir die neuesten Anime-Filme oder Hollywood Blockbuster an. Amerikanische Filme werden auf Englisch gezeigt, manchmal mit japanischen Untertiteln. Die Preise sind ziemlich hoch bei 1800 Yen (Erwachsene), 1500 Yen (Studenten) und 1000 Yen (2-18 J.).
Shinjuku Piccadilly Cinema hat am Mittwoch einen Frauentag. Da zahlen Frauen nur 1100 Yen.
Oder versuch mal was Neues und schau dir ein japanisches Schauspiel im Kabukiza Theater an. Die Preise beginnen bei 4000 Yen.

4.4 Tagesausflug von Tokio in die Hakone Region

Nach ein paar Tagen Jagd auf die Sehenswürdigkeiten in der Stadt, bist du wahrscheinlich bereit für etwas anderes. Wie wäre es mit einem Blick auf den mystischen Berg Fuji? Hakone ist eine berühmte Onsen (heiße Quelle) Region und bietet viele Wanderwege, um einen Blick auf den Fuji zu erhaschen. Zum Beispiel vom **Mt Komagatake**.
Weiter könntest du den Hakone-Jinja-Schrein besuchen oder eine Piratenschifffahrt auf dem Ashi-See buchen. Wenn du mehr als eine Nacht bleiben willst, verbringst du die Nacht am besten in einem wunderschönen Ryokan mit einem privaten Onsen.

Unser Tag in Hakone am Mt Kintoki (von wo wir mit einem großartigen Blick auf Fuji belohnt wurden)

Wir stiegen früh am Morgen in Tokio in den Zug und fuhren bis **Odawara**. Dann nahmen wir einen Bus nach **Kintoki-Jinja-guchi** 金 時 神社 ロ ス ス 停. Die komplette Fahrt dauert ca. 2 Stunden, der Zug ist im JR-Pass enthalten, der Bus kostet $10 pro Strecke.
Mt Kintokiyama 金 時 山 liegt im Norden des Fuji-Hakone-Izu Nationalparks. Auf Mt. Kintoki verteidigte sich General Kintaro mit einer Axt gegen einen großen Bären namens Sumo. Daher findest du einige seiner Werkzeuge aus der Geschichte als Ausstellungsstücke auf der Wanderung.

Die 6,8 km lange Wanderung beginnt am **Kintokijinja-Schrein**. Ab dort erklimmst du die steilen Stufen bis auf 1213 m zum Gipfel. An der Spitze kannst du den Blick über Hakone bis zum Ashi-See und auf der anderen Seite zum Mt Fuji wandern lassen. Auf dem Weg nach unten könntest du zu einem zweiten Kamm wandern oder direkt zurück zur Hauptstraße gehen, von wo du mit dem Bus zurückreist.

Die Wanderung auf den Berg Kintoki
Von der Bushaltestelle zum Schrein

An der Bushaltestelle Kintoki-Jinja-guchi **金時神社口バス停** steigst du aus. Du läufst weiter der Straße entlang und kommst an einem Lawson Store vorbei, wo du nochmals an Getränken aufstocken kannst. Dann kommst du zu einer kleinen Übungsanlage für Golfer. Am Ende des Parkplatzes befindet sich eine Toilettenhütte mit kostenlosen Toiletten. Der Wanderweg beginnt hinter den Toiletten. Für den Fall, dass du dir Sorgen darüber machst, dich zu verirren, könntest du eine Postkarte in den Holzcontainer werfen, mit deiner Route und der geschätzten Ankunftszeit. Die Polizei würde dich dann suchen, wenn du am Schluss die Postkarte nicht wieder aus dem Kasten nehmen würdest. Da wir jedoch schon öfters wandern waren, ignorierten wir die Box (der Weg ist auch ziemlich klar) und gingen die ersten 100 m zum Kintokijinja Schrein 金時神社. Jedes Jahr am 5. Mai wird hier das Kintaro Fest gefeiert.

Vom Schrein zur nächsten Kreuzung (50 Min bergauf)

Der Weg führt an dem Felsen vorbei und wir steigen wieder einige Stufen hinauf. Die Teile sind mit Schlamm und Wurzeln bedeckt, die nach Regen oder Schnee rutschig sein würden. Beim nächsten Schild (nach ca. 50 Min.) kannst du wählen, ob du zum Gipfel gehen oder lieber zuerst auf einen anderen Bergkamm steigen willst. Natürlich entschieden wir uns, direkt nach oben zu gehen. Wir würden auf dem Rückweg die andere Route wählen.

Auf dem Gipfel

Sobald du die letzte, mühselige Stufe erklommen hast und ein Felsplateau erreichst, wird sich dein Mund in einem "Wow" öffnen. Es ist unglaublich, wie nah Fuji plötzlich vor einem thront. Falls dir kalt ist oder du Hunger hast, gibt es eine Berghütte. Die Udon-Suppe wird für $5 bis $7 serviert. Jedoch hat es auch Picknicktische und wir aßen unseren mitgebrachten Nudelsalat.

Auf dem Gipfel sehen wir die Schilder, die zum anderen Gipfel führen, so dass wir die Wanderung verlängern können.
Dann ist es Zeit, über weitere Stufen nach unten zu gehen und in Richtung **Sengokuhara 仙石原** zu spazieren. Keine Sorge, an allen wichtigen Kreuzungen gibt es Schilder in Englisch und Japanisch. Bald gehen wir entlang der Hauptstraße in Richtung **Koushu-Benjo 公衆 便**. Dann entdecken wir ein Bushäuschen, wo wir auf unseren Rücktransport warten können.

Fazit:

Bei schönem Wetter kann ich diese Wanderung wirklich empfehlen, da man durch eine zauberhafte Landschaft wandert, obwohl die Wanderung aus vielen Treppen besteht. Bei schlechtem Wetter rate ich dir, gute Schuhe zu tragen, damit du nicht ausrutschst.
Wenn du keinen JR Pass hast, kannst du den **Odakyu-Hakone-Kosoku Bus** vom Shinjuku West Eingang (ca. 2000 Yen) in Tokio nehmen. Dann musst du nicht

umsteigen und kannst direkt nach Kintoki-Tozan-guchi fahren. Von dort gehst du 800 m der Straße entlang, bis du zum Kintoki-Jinja-guchi 金時神社バス停 kommst.

Den Weg zu finden ist einfach, aber die vielen Stufen können einem ganz schön außer Atem bringen. Anscheinend sind die Japaner jedoch noch im Großeltern-Alter sehr fit, denn unsere roten Köpfe entlockten den Japanern, die uns auf ihrem Abstieg entgegnen kamen, immer wieder ein Lächeln. Bei den Japanern waren wie gesagt auch einige Ältere mit dabei, die langsam, aber sicher, einen Fuß vor den anderen setzten. Touristen haben wir keine anderen gesehen und somit konnten wir diesen tollen Ausblick ziemlich für uns genießen.

4.4.1 Weitere interessante Orte in der Kanagawa Region

Yokohama 横浜

Yokohama ist die zweitgrößte Stadt Japans und liegt eine 30-minütige Zugfahrt südlich von Tokio. Ein schöner Anblick ist der Sankeien Park, der einen hübschen See und Samurai Häuser zu bieten hat. In der Innenstadt von Yokohama solltest du das Einkaufs- und Vergnügungsviertel Mirai erkunden und die Achterbahn am Meer fahren. Abgesehen davon bietet Yokohama ein unterhaltsames China Town mit vielen leckeren Essensständen.

Kamakura 鎌倉

Kamakura ist nur eine Zugstunde von Tokio entfernt und bietet viele Tempel und Gärten. Besonders gerne gehen Touristen dorthin, weil es von 1185 bis 1333 das Zuhause des Kaisers war. Ein schönes Denkmal ist der große sitzende Buddha, der alle Besucher willkommen heißt. Weiter bietet Karakura viele Wanderwege und im Sommer sollest du unbedingt die kühlende Taya Höhle besuchen, welche man mit Kerzen erkunden kann.

Enoshima

Neben Kamakura befindet sich die Halbinsel Enoshima (65 Minuten von Tokio mit dem Zug), die durch eine Brücke mit dem Festland verbunden ist. Auf der Insel befindet sich ein botanischer Garten, ein Turm mit einer schönen Aussicht und ein hübscher Schrein. Abgesehen davon wirst du auf der Insel viele Katzen treffen. Deshalb heißt die Insel auch Katzeninsel.

Odawara 小田原

Odawara ist eine kleine Stadt direkt am Meer und ist berühmt für ihre Burg, die heute ein Museum ist. Wenn du ohnehin in der Hakone-Region bist, ergibt es sich vielleicht, im großen Schlossgarten vorbeizuschauen und ein Picknick zu machen.

4.5 Verbringe die Nacht im Oedo Onsen in Tokio

Oedo Onsen Monogatari war das erste Onsen, welches wir in Japan besuchten und deshalb nahmen wir automatisch an, dass alle Onsen so schön wären. Oedo Onsen ist ein sauberes, modernes Onsen mit 13 verschiedenen Bädern. Du wirst dich sehr japanisch fühlen, weil du eine Yukata tragen kannst. Verpasse nicht die Gelegenheit, in diesen heißen Pools zu entspannen und danach das kostenlose Shampoo und den Conditioner zu benutzen, bis deine Haare sauberer sind als je zuvor. Falls der Magen zu knurren beginnt, gibt es einen ganzen Marktplatz mit Restaurants. Wenn du etwas frische Luft im gemischten Bereich genießen möchtest, kannst du deine Füße draußen in ein heißes Fußbad tauchen und wenn du müde bist, kannst du in einem großen Fernsehsessel versinken. Der Eintritt ist ab 11 Uhr bis um 9 Uhr am folgenden Tag möglich. Das heißt, man kann im Oedo Onsen übernachten. Wie großartig! Dies ist der perfekte Zufluchtsort, um sich im geschäftigen Tokio zu entspannen.

Schritte vor dem Betreten der Bäder

Zieh deine Schuhe aus und sperre sie in einen kleinen Schuhschrank. Wenn du ein großes Gepäckstück hast, musst du es in ein Münzschließfach einschließen. Ein 50L Rucksack passt in die Umkleidekabinen. Du kannst also die ganze Nacht darauf zugreifen. Größere Koffer bleiben wie gesagt draußen.

Was du in die Umkleide bringen solltest, wenn du die Nacht dort verbringen wirst:

- Unterwäsche
- Augenklappe, weil das Licht im Fernsehraum nicht ausgestellt wird
- Ohrstöpsel für den Fall, dass andere Leute schnarchen
- vielleicht das Handy (es gibt kostenloses WLAN im Erdgeschoss) oder etwas zum Lesen
- Toilettenartikel für den persönlichen Gebrauch wie z.B. Kontaktlinsenlösung
- die Kleidung, die du tragen möchtest, wenn du das Onsen verlässt

Shampoo, Seife, Körperlotion, Conditioner, Haartrockner, Haargummis, Bürsten, Handtücher und sogar Zahnbürsten werden kostenlos zur Verfügung gestellt. Es gibt einen kostenlosen Tee / Wasser-Spender und bei den Lebensmitteln kannst du von Snacks bis hin zu Hauptgang und Dessert alles kaufen.

Am Eingang erhältst du ein elektronisches Armband, mit dem du innerhalb des Onsen bezahlst. Am Ende deines Aufenthalts scannen sie dein Armband und du musst die Eintrittsgebühr bezahlen und alles, wofür du Geld ausgegeben hast.

Wähle dein Yukata

Nachdem du dein Armband erhalten hast, gehst du zum Yukata-Stand. Hier wählst du deine Farbe aus einer Auswahl an Yukatas und Gürteln. Du musst nur deine

Körpergröße kennen und dann siehst du, welche Größe du der Bedienung sagen musst. Wenn du zum Beispiel 1,74 m groß bist, würdest du eine Yukata bis zu 170 cm nehmen. (Die nächste Größe beginnt bei 180cm.)

Ab in den Umkleideraum

Schließlich kannst du in den ersten Umkleideraum gehen. Die Nummer deines Schließfachs steht auf dem Armband. Zieh deine Kleider und Unterwäsche aus und zieh deine Yukata an. Mehrere Zeichnungen erklären wie es gemacht werden muss. Nimm es ernst, welche Seite oben sein muss, denn die andere Seite ist für tote Menschen bei deren Beerdigung reserviert. Lass deine Sachen im Schließfach und gehe in die Haupthalle. Du kannst auch eine kleine Tasche mit deinem Handy oder Make-Up mitnehmen. Es gibt sogar einen kleinen Beutel in deiner Yukata. Sobald du den Poolbereich betrittst, wird es weitere Schließfächer geben.

Die Onsen

Dieser Bereich ist Geschlechtergetrennt. Auch hier gibt es einen Umkleideraum, in welchem du ein kleines Handtuch und ein etwas Größeres bekommst. Das Größere lässt du im Schließfach. Das Kleinere trägst du von jetzt an auf dem Kopf, um zu vermeiden, dass deine Haare ins Wasser fallen oder um Schweiß abzutupfen. Lass sonst alles im Schließfach und geh nackt zum Duschbereich, nur mit dem kleinen Handtuch. Plötzlich wirst du mehr nackte Frauen auf einem Haufen sehen als du jemals in deinem Leben gesehen hast. Für den Fall, dass du dich vorhin ein wenig unwohl gefühlt hast, wirst du jetzt feststellen, dass es völlig unnötig war, weil es in Japan eine sehr natürliche Sache ist, nackt mit anderen Frauen in einem heißen Onsen zu baden.

Am Eingang den Körper kurz abspülen und dann in einer Duschkabine Platz nehmen. Jetzt ist es Zeit, das kostenlose Shampoo und die Körperseife großzügig zu verwenden, da die wichtigste Regel der Onsen ist, das Bad sauber zu betreten.

Es gibt 13 verschiedene Bäder, darunter Düsen-Pools, Sauerstoff-Sprudelbäder und Open-Air-Fass-Bäder, mit einem großen Indoor- und Outdoor-Bereich und einer Dampf- und Trockensauna.

Es ist wirklich schön, so viele verschiedene Pools auszuprobieren und einfach nur die Hitze zu genießen. Wenn es zu heiß wird, kannst du dich einfach im Außenbereich oder unter der Dusche abkühlen.
Sobald du mit dem Baden fertig bist, nimmst du das zweite Handtuch aus dem Schließfach, um dich abzutrocknen und dann ziehst du die Yukata erneut an. Hier hat es auch Haartrockner und Bürsten.

Du kannst dich frei zwischen der Essenshalle, dem Fußbad und dem Onsen bewegen.

Der Essbereich

Wenn dein Magen anfängt zu murren, schlendere durch die Essensstände, die wie ein Marktgelände aus alten Edo Zeiten aussehen. Des Weiteren hat es einen lauten Abschnitt mit japanischen Spielen und im Obergeschoss findest du ein paar Massagestühle. Außerdem gibt es ein riesiges Zimmer mit breiten Fernsehsesseln und jeder Stuhl hat seinen eigenen Fernseher. Dort schläft man, wenn man im Oedo Onsen Monogatari übernachtet.

Das Fußbad

Im Gegensatz zu den Onsen, wo die Geschlechter getrennt werden, ist das Flussfußbad ein romantischer Außenbereich, den Paare oder Gruppen, die sich gemeinsam entspannen möchten, genießen können. Mach dir keine Sorgen, wenn es kalt ist, denn es gibt Jacken, die du über deiner Yukata tragen kannst.

Achtung bei Tattoos

Wenn du ein Tattoo hast, erhältst du in diesem Onsen keinen Zutritt, weil du vielleicht zur japanischen Mafia gehörst. Mit einem Tattoo musst du also leider in ein anderes Onsen gehen. Abdecken nützt auch nichts.

Wie kommt man zum Oedo Onsen Monogatari (OOM)?

Nimm die Yurikamome Linie zur Telecom Center Station und gehe 1 Minute zum Onsen. Das Tolle an dieser Reise ist, dass du mit der Metro über die Rainbow Bridge fährst und den schönen Ausblick genießen kannst.

Adresse: 2-6-3, Aomi, Koto-ku, Tokio 135-0064, Japan.Preise: Erwachsene 2600 Yen (Wochenende 2800 Yen), Kinder von 4 bis 12 Jahren 1000 Yen. Wenn du nach 18 Uhr kommst, sind es 2100 Yen. Falls du länger als bis 2 Uhr bleist, musst du den Nachtzuschlag von 2160 Yen bezahlen.

4.6 Tagesausflug ab Tokio – Die beste Aussicht auf Fuji

Dieser Ausflug erwies sich als einer meiner Lieblingstage in Japan. Du wirst die Pagode mit dem schönsten Blick auf Mt Fuji sehen. Zudem ist die Region von Kirschbäumen gesäumt und man fährt mit einer alten Eisenbahn. Beachte allerdings, dass die Sicht auf Fuji nur bei gutem Wetter gut sein wird.

Wie kommt man in die Kawaguchiko Seen-Region?

Es ist Zeit, früh aufzustehen und um 7 Uhr einen Zug nach **Otsuki** zu nehmen. Dort musst du ein neues Ticket für den Fuji-Touristenzug (Fujikyu-Bahn) kaufen. Mit diesem Ticket kannst du an den offiziellen Haltestellen beliebig oft ein- und aussteigen. Leider hast du an einem Tag nicht genug Zeit für alle Zwischenstopps und vielleicht würde es sich lohnen, eine Nacht in dieser Region zu verbringen.
Ein Muss ist die **Shimo-Yoshida Haltestelle**. Dort ist die **Chureito Pagode** zu finden. Sie gehört zum Arakura-Sengen-Schrein und wurde 1963 als Friedensdenkmal errichtet. Die Pagode befindet sich fast 400 Stufen vom Hauptgebäude des Schreins entfernt. Schon während des Aufstiegs wirst du dich oft umdrehen und Fuji im Hintergrund fotografieren.

Auf einer Plattform in mittlerer Höhe zwischen dem Boden und der Pagode findest du einige Imbissbuden und eine kleine Touristeninformation. Auch von hier ist der Blick auf Fuji sehr malerisch.
Geh weiter und erklimme die nächste Treppe, um schließlich die Chureito Pagode zu erreichen. Toll! Genau wie du dir alle Pagoden in Japan vorgestellt hast.
Danach ist es Zeit, zurück zum Bahnhof zu spazieren und zur nächsten Haltestelle zu fahren. Zum Beispiel könntest du den Fuji Highlands Amusement Park besuchen. Aus dem Zug sah er jedoch eher geisterhaft aus.

Ein weiteres Muss ist der letzte Stopp am Kawaguchiko-See. Schlendere zum See und bewundere die Spiegelungen der Bäume und Hügel, die den See umgeben. Diese Gegend ist eher touristisch und du kannst ein Edelsteinmuseum, ein Restaurant, das dem Schweizer Heidi gewidmet ist und eine Sake-Brauerei mit einer kostenlosen Verkostung besuchen. Es ist ein guter Ort, um einfach herumzubummeln und dorthin zu gehen, wohin dich die Füße führen. Wenn du während der Blüte von Pinkmoos dort bist, kannst du das **Shibazakura Blumenfest** besuchen. Während des Festes gibt es Extrabusse vom Bahnhof Kawaguchiko, die dich in das rosa und lila Tal bringen.

Wenn du nach diesem Ausflug noch nicht genug vom Berg Fuji hast, lese das nächste Kapitel, denn dort ist der beste Weg beschrieben, um auf den Gipfel des Mount Fuji zu gelangen.

5 Fuji erklimmen

Wenn du den 3776 Meter hohen Mount Fuji, Japans höchsten und bekanntesten Berg, besteigst, wird das ewig in deiner Erinnerung bleiben. Der Berg selbst wirkt zwar mit seiner Kegelform von weiter weg spezieller als von Nahem. Dennoch ist die Aussicht an klaren Tagen spektakulär und die Erfahrung, durch die frühen Morgenstunden mit gleichgesinnten Wanderern aus der ganzen Welt zu wandern, sehr lohnend.

- **Wann ist die beste Zeit, um Fuji zu besteigen?**

Die offizielle Klettersaison ist von Anfang Juli bis Mitte September. Dann sind die Wege und Berganlagen offen. In dieser Zeit gibt es normalerweise keinen Schnee auf dem Berg. Außerdem ist das Wetter relativ mild, die Anreise mit öffentlichen Verkehrsmitteln ist einfach und die Berghütten sind in Betrieb. Die genauen Daten hängen vom Jahr und vom Pfad ab.
Auf der Webseite:
http://www.fujisan-climb.jp/en/season/ findest du weitere Informationen. Es ist sehr empfehlenswert, Fuji während dieser Zeit zu besteigen.

- **Deine Mitwanderer**

Den Fuji zu besteigen ist sowohl bei Japanern als auch bei Touristen sehr beliebt. Die Hauptsaison für den Aufstieg ist während den Schulferien, die ca. vom 20. Juli bis Ende August dauern. Vermeide es, während der Obon-Woche

Mitte August zu gehen, wenn die Menschenmassen am größten sind und du an manchen Stellen Schlange stehen musst.
Deine beste Option ist wahrscheinlich, an einem Wochentag in der ersten Julihälfte vor Beginn der Schulferien zu gehen.

- **Wo soll man anfangen?**

Fuji ist in zehn Stationen unterteilt, mit der ersten Station am Fuße des Berges und die zehnte Station ist der Gipfel. Bis zur fünften Station auf halber Höhe des Berges kannst du sogar auf asphaltierten Straßen fahren. Es gibt vier verschiedene fünfte Stationen rund um den Berg, von denen die meisten Leute ihre Wanderung beginnen:

Fuji Subaru 5. Station (Höhe: ca. 2300 Meter)

Wenn du an dieser Station beginnst, wanderst du auf dem Yoshida Weg. Der Aufstieg dauert 5-7 Stunden und der Abstieg 3-5 Stunden. Dies ist der beliebteste Ausgangspunkt für den Aufstieg zum Gipfel und die am leichtesten zugängliche 5. Station aus der Fuji Five Lake Region und Tokio. Um die 7. und 8. Station herum findest du viele Berghütten. Das Gute ist, dass es getrennte Wege für den Auf- und Abstieg gibt. Wenn du zu spät aufstehst, ist ein weiterer Vorteil, dass der Sonnenaufgang auf dieser Seite des Berges stattfindet.

Subashiri 5. Station (Höhe: ca. 2000 Meter)

Mit dieser 5. Station als Basis wanderst du auf dem Subashiri Weg. Der Aufstieg dauert 5-8 Stunden und der

Abstieg 3-5 Stunden. Dieser Weg trifft den Yoshida Trail an der 8. Station.

Fujinomiya 5. Station (Höhe: ca. 2400 Meter)

Der Fujinomiya Weg beginnt am nächsten zum Gipfel. Der Aufstieg von dort dauert zwischen 4 und 7 Stunden und der Abstieg 2-4 Stunden. Diese 5. Station ist leicht von den Bahnhöfen entlang der Tokaido Shinkansen Linie erreichbar. Als Annehmlichkeit findet man sechs Berghütten entlang des Weges.

Gotemba 5. Station (Höhe: ca. 1400 Meter)

Wenn du eine Herausforderung suchst, ist der Gotemba Weg das Richtige für dich. Dies ist die unterste 5. Station und der Aufstieg zum Gipfel ist dementsprechend viel länger als von den anderen 5. Stationen. Der Aufstieg dauert 7-10 Stunden und der Abstieg 3-6 Stunden. Wenn du dich vor oder nach dem Gipfelansturm ausruhen willst, gibt es vier Hütten um die 7. und 8. Station.

- **Wie erreiche ich den Gipfel?**

Der Aufstieg zum Gipfel ist in Bezug auf die Kletterfähigkeiten nicht schwierig. Nur an einigen Stellen ist das Gelände eher steil und felsig. Viele Schilder entlang des Weges warnen die Wanderer vor kleineren Problemen, wie plötzlichen Winden und Steinschlag. Die größte Herausforderung des Aufstiegs ist jedoch die Tatsache, dass es anstrengend ist und die Luft mit zunehmender Höhe deutlich dünner wird.

- **Sollte ich einen Führer anstellen?**

Da die Wanderung technisch nicht anspruchsvoll ist und viele andere Wanderer während der Klettersaison auf den Pfaden sind, braucht der durchschnittliche Wanderer keinen Führer. Jedoch können sehr unerfahrene Wanderer oder jemand, der nicht gerne plant, einen Führer mieten. Mehrere Unternehmen bieten Gruppenreisen oder private Touren an. Zum Beispiel eine zweitägige Mount Fuji Tour von Tokio.

- **Timing für den Sonnenaufgang**

Die meisten Menschen versuchen, den Gipfel rechtzeitig zu erreichen, um den Sonnenaufgang zu erleben. Die Wahrscheinlichkeit, dass der Berg wolkenfrei ist, ist in den frühen Morgenstunden am größten.
Der empfohlene Weg ist, am ersten Tag zu einer Berghütte um die 7. oder 8. Station zu wandern. Gewöhne dich an die Höhe und verbringe einige Stunden dort mit Schlafen, bevor du am zweiten Tag früh auf den Gipfel wanderst. Während der Sommerzeit geht die Sonne bereits um 4:30 Uhr auf. Das Personal und andere Leute auf der Hütte können dir bei der Planung helfen.

Eine andere Vorliebe ist es, am späten Abend von der 5. Station aus den Berg zu besteigen und durch die Nacht hindurchzuwandern, um den Gipfel bei Sonnenaufgang zu erreichen. Hier braucht man natürlich eine gute Stirnlampe. Dies ist ein ermüdender Weg, um zum Gipfel zu gelangen, und wird von den lokalen Behörden nicht empfohlen, da dies ein erhöhtes Risiko für Höhenkrankheit mit sich bringt. Wenn du dich Höhenlagen nicht gewohnt bist, könntest du dir deine Reise verderben, indem du zu schnell zu viel willst.

Das Aufsteigen und Absteigen an einem einzigen Tag bei Tageslicht ist ebenfalls möglich, aber auch aus den oben genannten Gründen nicht zu empfehlen. Außerdem bietet der Berg nur wenig Schutz, so dass die Wanderer der Sonne ausgesetzt sind. Zudem ist Fuji tagsüber oft in Wolken gehüllt und die Sicht wird schlecht.

- **Der Krater**

Ein Spaziergang um den Krater des Berges dauert etwa eine Stunde. Der höchste Punkt des Berges und von Japan befindet sich neben der Wetterstation auf der gegenüberliegenden Seite, von wo aus der Yoshida Trail den Gipfel erreicht.

- **Berghütten auf dem Fuji**

Auf dem Yoshida Trail gibt es mehr als ein Dutzend Berghütten zwischen der 7. und 8. Station. Andere Wege haben weniger Berghütten. Eine Übernachtung kostet ca. 5000 Yen pro Person ohne Mahlzeiten und ca. 7000 Yen pro Person mit zwei Mahlzeiten. Besonders im Sommer werden die Hütten sehr voll sein. Telefonnummern für Reservierungen sind hier zu finden:
http://en.city.fujiyoshida.yamanashi.jp/forms/menutop/menutop.aspx?menu_id=503
Falls du nicht in einer Hütte übernachtest, aber dennoch ein dringendes Bedürfnis verspürst, musst du dir keine Sorgen machen. Die meisten Hütten bieten bezahlte Toiletten (100-200 Yen) und verkaufen Essen, Wasser und sogar Sauerstoff aus der Dose.

- **Wanderausrüstung**

Zu deiner eigenen Sicherheit auf dem Fuji, solltest du folgende Ausrüstung mitbringen:
Feste Wanderschuhe, die über den Knöchel reichen, angemessene Kleidung (Schutz gegen niedrige Temperaturen und starke Winde, Handschuhe (auch für die felsigen Passagen an der Spitze), eine Wollmütze für mögliche Minusgrade am Gipfel) und Regenkleidung. Die Wetterbedingungen können sich sehr schnell ändern. Eine Stirnlampe, Wasser und etwas Essen (die Preise in den Berghütten steigen an jeder Station). Eine Plastiktüte für Müll, da es auf dem Weg keine Abfalleimer gibt und du deinen Müll wieder runterbringen musst. Bargeld, um Snacks und Sauerstoff zu kaufen oder die Toiletten zu benutzen. Vielleicht Wanderstöcke. Du kannst dir sogar Wanderstöcke als Andenken für ungefähr 1500-2000 Yen an den 5. Stationen kaufen. Außerdem kannst du für einige hundert Yen in den Berghütten Souvenir-Logos in deinen Wanderstock einbrennen lassen und bleibende Erinnerungen mit nach Hause nehmen.

- **Zutrittsgebühr**

Wanderer werden gebeten, 1000 Yen pro Person zu zahlen. Das Geld wird zum Schutz der Umwelt und für Sicherheitsmaßnahmen verwendet, um die Sicherheit der Wanderer zu gewährleisten.

- **Höhenkrankheit**

Nicht wenige Menschen, die auf dem Fuji wandern, leiden unter Höhenkrankheit. Anzeichen dafür, dass du dich nicht langsam genug an die Höhe angepasst hast, sind Kopfschmerzen, Schwindel und Übelkeit.
Vermeide Höhenkrankheit, indem du langsam gehst und die Nacht in einer der Hütten auf Level sieben oder acht verbringst. Darüber hinaus ist es wichtig, genug Wasser zu trinken. Falls es dir trotzdem passiert, gehst du in eine der Hütten und benutzt etwas Sauerstoff. Das wirksamste Heilmittel wird jedoch der Abstieg in tiefere Regionen sein.

- **Zum Fuji mit dem Zug, Bus oder Auto**

Für die verschiedenen Möglichkeiten mit Bus und Bahn kannst du **Hyperdia** für die schnellste Verbindung überprüfen. Es gibt während der offiziellen Saison jeden Tag mehrere Busse und Züge aus Tokio und dem Fuji-Gebiet.

Mit dem Auto: Bitte beachte, dass die Straßen zur Fuji Subaru 5. Station, zur Subashiri 5. Station und zur Fujinomiya 5. Station während der Wandersaison für bestimmte Zeiträume geschlossen sind. Wahrscheinlich musst du dein Auto irgendwo am Fuße des Fuji stehen lassen und von da an die öffentlichen Verkehrsmittel benutzen.

6 Kyoto

Wenn du Tempel und Geschichte magst, ist Kyoto der richtige Ort für dich. In dieser Stadt findest du über 2000 Tempel und Schreine. Hier steht auch der berühmte **Inari Schrein**. Es ist einer der am meist fotografierten Schreine in Japan. Ein Spaziergang durch scine tausend orange-farbenen Tore ist herrlich. Außerdem beherbergt Kyoto den beliebtesten Tempel Japans (**Kiyomizudera**), wo du dich mit viel Glück eindecken kannst. Hier ist eine Liste, um die Sehenswürdigkeiten in Kyoto ein wenig geordneter abklappern zu können.

Fushimi Inari Schrein

Er ist der wichtigste von mehreren tausend Schreinen, die Inari, dem Shinto-Gott des Reises, gewidmet sind. Der Fushimi Inari-Schrein hat antike Ursprünge, lange bevor die Hauptstadt 794 nach Kyoto zog. Die Wanderung zum Gipfel des Berges und zurück dauert 2-3 Stunden. Die Besucher können jedoch so weit gehen, wie sie möchten, bevor sie zurückkehren. Auf dem Weg gibt es mehrere kleinere Schreine mit Stapeln von Miniaturtorii-Toren, die von Besuchern mit kleineren Budgets gespendet wurden.
Gehe durch 1000 orangefarbene Tore und zähle die Fuchsstatuen, die die intelligenten Boten der Götter sind.

- **Sieh dir eine Kagura-Zeremonie an**

Am Fuße des Schreins befindet sich eine Bühne, auf der man manchmal eine Kagura-Zeremonie sehen kann. Beobachte, wie hübsche japanische Frauen Instrumente spielen, tanzen und Tee servieren. Du kannst auch eine Gebühr bezahlen, um von diesen Frauen einen Segen zu erhalten.
Hinter dem ersten Plateau beginnt der Spaziergang mit den tausend orangenen Toren. Zu Beginn ist es unglaublich voll mit Touristen, aber es wird besser, je weiter man hinaufläuft. Insgesamt dauert es 30 bis 40 Minuten bis zu einer Aussichtsplattform mit blauen Bänken und einigen Restaurants. Du wirst auf dem Weg auch noch ein paar anderen Restaurants begegnen, die lokale Spezialitäten wie Inari Sushi und Kitsune Udon (Fox Udon) zubereiten. Beide enthalten Stücke von Aburaage (frittierter Tofu), der als Lieblingsessen von Füchsen gilt.
Auf der Aussichtsplattform kannst du wieder zu Atem kommen und die Aussicht über Kyoto genießen. Wenn du dich jetzt dazu entschließt, umzukehren, wirst du nicht viel verpassen, da der Weg von hier an nicht viel Abwechslung

bietet. Zudem liegen die Tore von nun an weiter auseinander. Wenn du dich trotzdem dazu entscheidest, weiterzugehen, brauchst du ungefähr eine Stunde, für den Rundweg, der jetzt kommt. Zwischendurch kannst du weitere Aussichten von weiter oben genießen.

- **Wie kommt man zum Fushimi Inari?**

Der Fushimi Inari Schrein befindet sich direkt vor dem JR Inari Bahnhof, die zweite Station nach Kyoto entlang der JR Nara Line (5 Minuten, 140 Yen von Kyoto, nicht von Schnellzügen bedient). Der Schrein kann auch in einem kurzen Spaziergang von der Fushimi Inari Station entlang der Keihan Main Line erreicht werden.

Kiyomizudera

Dies ist einer der berühmtesten Tempel Japans. Er wurde 780 auf dem Gelände vom Otowa Wasserfall gebaut.

- **Wie man dorthin kommt**

Kiyomizudera kann vom Bahnhof Kyoto mit dem Bus Nr. 100 oder 206 (15 Minuten, 230 Yen) erreicht werden. Steig an der Gojo-Zaka oder Kiyomizu-michi Bushaltestelle aus, von wo es ein zehnminütiger Aufstieg zum Tempel ist. Kiyomizudera liegt etwa 20 Gehminuten vom Bahnhof Kiyomizu-Gojo der Keihan Railway Line entfernt. Der Otowa-Wasserfall befindet sich am Fuße der Haupthalle von Kiyomizudera. Sein Wasser ist in drei getrennte Ströme unterteilt, und die Besucher benutzen Becher, die an langen Stangen befestigt sind, um von ihnen zu trinken. Das Wasser aus jedem Strom soll einen anderen Nutzen haben (Langlebigkeit, Erfolg in der Schule und ein glückliches

Liebesleben). Sei jedoch vorsichtig, denn das Trinken aus allen drei Quellen gilt als gierig.
Leider konnte mir niemand erklären, welche Quelle was bedeutete und jeder hat einfach nur aus einer getrunken. Schlussendlich sollen ja alle Glück bringen.

- **Viel Glück und ein Besuch im Tempel**

Um den Tempel herum gibt es viele weitere Installationen, um Glück zu sammeln oder die Sorgen loszuwerden. Ich hatte keine Ahnung, dass Japan so abergläubisch ist! Wir hatten viel Spaß. All diese kleinen Aktivitäten kannst du kostenlos erreichen, indem du rechts den Pfad hinaufgehst, der etwas vom Tempel entfernt ist. Wenn du stattdessen geradeaus gehst, wirst du zum Haupteingang des Tempels gelangen, wo du den Eintrittspreis bezahlen musst.

- **Lohnt es sich, den Eintrittspreis zu bezahlen?**

Der Eintritt kostet 400 Yen. Du solltest das Geld ausgeben, wenn du eine Abkürzung zur Rückseite des Tempels haben willst, wo der Otowa Wasserfall und die anderen Aktivitäten für Glück und Liebe liegen. Außerdem lohnt es sich, den Tempel zu betreten, wenn du dich für diese historische und religiöse Stätte interessierst und ihn von innen sehen möchtest. Aber für mich als normaler Tourist unterschied er sich nicht von anderen Tempeln, die gratis und noch hübscher waren. Trotzdem bietet er eine schöne Aussicht von einer kleinen Terrasse. Leider wurde die Außenseite des Tempels gerade renoviert als wir dort waren.

Higashiyama Distrikt

Zurück am Fuße des Wassertempels kannst du in die Souvenirstraße mit einigen historischen Gebäuden eintauchen und das Higashiyama-Viertel erkunden. Darüber hinaus sind sie hier sehr großzügig mit der Verteilung von kostenlosen Proben von traditionellen japanischen Desserts, Tee, Kaffee oder Gewürzen. Wenn du etwas mehr Substanz benötigst, kaufst du dir eine Gewürzgurke am Stiel.

- **Wie weit soll ich gehen?**

Die Wanderung zwischen Kiyomizudera und dem Yasaka-Schrein ist nur etwa zwei Kilometer lang und könnte in einer halben Stunde erledigt werden. Du kannst jedoch leicht einen halben Tag oder länger in der Gegend verbringen und die verschiedenen Tempel, Schreine, Geschäfte und Cafés auf dem Weg besuchen. Gute Wanderer werden es wahrscheinlich genießen, über den Yasaka-Schrein hinaus zu gehen, vorbei an den Chionin- und Shorenin-Tempeln, zum Heian-Schrein und möglicherweise sogar noch weiter über Nanzenji und den Philosophenweg zum Ginkakuji-Tempel. Außerdem kannst du viele kleine Statuen finden, die überall in Higashiyama verteilt sind und wenn man sie anfasst, kann man wiederum Glück anhäufen.

Der Philosophenweg

Dies ist ein angenehmer Steinweg durch den nördlichen Teil von Kyotos Higashiyama Bezirk. Der Weg folgt einem Kanal, der von hunderten von Kirschbäumen gesäumt ist. Normalerweise explodieren diese Bäume Anfang April mit

Farbe. Daher wird dieses Gebiet zu einem der beliebtesten Hanami (Kirschblütenbeobachtungsorten) der Stadt.

Tempel Byodo-in Uji

Nimm den Zug (JR Nara Linie) nach Uji und sieh dir diesen hübschen Tempel an, der mit der berühmten Teeplantage auf der 10 Yen Münze aufgedruckt ist.

The Fushimi Sake Bezirk

Dies ist ein charmanter, traditioneller Sake-Braubezirk am Horikawa-Fluss in Süd-Kyoto. Die Region beheimatet fast 40 Sake-Brauereien dank des weichen Wassers, das reichlich aus unterirdischen Quellen fließt. Deshalb wurde Fushimi zum führenden Sake-Braubezirk zusammen mit Kobes Nada-Bezirk.

- **Besuche das Gekkeikan Okura Sake Museum**

Öffnungszeiten: 9.30 bis 16.30 Uhr (letzter Einlass um 16 Uhr), Kosten: 300 Yen
Gekkeikan ist ein führender Sake-Brauer und eines der ältesten Familienunternehmen der Welt, das Anfang des 17.

Jahrhunderts in Fushimi gegründet wurde. Das gute Museum zeigt die Werkzeuge und Verfahren für die Sake-Produktion. Die Erklärungen sind sogar in gutem Englisch anders als in anderen Museen. Am Ende der Selbstführung ist eine Verkostung inbegriffen.

Shimogamo Schrein

Er liegt an der Kreuzung der Flüsse Takano und Kamo. Der Schrein ist von Tadasu no Mori umgeben, einem Wald, der auch während der Modernisierung der Stadt in seinem natürlichen Zustand erhalten wurde und Bäume enthält, die bis zu 600 Jahre alt sind. Der Shimogamo-Schrein liegt einen 15-minütigen Spaziergang vom Bahnhof Demachi-Yanagi entfernt, an der Keihan-Linie. Alternativ bringt dich der Kyoto City Bus Nummer 4 in Richtung Kamigamojinja-mae vom Bahnhof zur Shimogamojinja-mae Bushaltestelle (5 Minuten, 230 Yen). Diese liegt direkt neben dem Schrein.

Matcha Shops

In Kyoto wirst du dank all den Matcha-Fachgeschäfte viel Grün sehen. Probiere einen Matcha-Kuchen, ein Eis oder ein Getränk mit Matcha und kaufe grüne Souvenirs für die Lieben zu Hause. Es gibt viele Geschäfte in der Nähe des Bahnhofs von Kyoto, in der Nähe des Kyoto Towers oder in allen anderen belebten Einkaufsstraßen.

Schau zu, wie Bonbons gemacht werden

In der belebten Einkaufspassage in der Nähe von Gion befindet sich ein Süßwarenladen mit einer Live-Show-Ecke. Während ihrer Candy-Show-Zeiten kannst du beobachten, wie kleine, bunte Bonbons mit Smileys und guten Wünschen gemacht werden. Danach ist es ein Vergnügen, ein frisch zubereitetes Dessert zu probieren.

Miete einen Kimono

Während du die Sehenswürdigkeiten von Kyoto abklapperst, wirst du bemerken, dass viele Japaner dasselbe tun, aber hübsch gekleidet in Kimonos, als wäre es ihr Hochzeitstag. Anscheinend macht man das so in Kyoto. Auch du kannst einen Kimono mieten für 30 bis 40 Dollar pro Tag.

Gion

Gion ist das berühmteste Geisha-Viertel in Kyoto. Du findest das Gion Gebiet um die Shijo Avenue zwischen dem Yasaka Schrein im Osten und Kamo River im Westen. Hier hat es viele Restaurants, Teehäuser (Ochaya) und Geschäfte. In den Teehäusern hast du die Möglichkeit, eine Geisha (Geiko) oder ihren Lehrling (Maiko) zu sehen. Alternativ ist das Theater am Gion Corner (Ende der Hanami-koji-Straße) ein touristischer Ort, um zu sehen, wie die Geishas Leute unterhalten. In der Show zeigen sie verschiedene, traditionelle japanische Künste. Manchmal werden die Vorführungen sogar von echten Maikos gehalten, was ein Vergnügen ist. Sei vorsichtig, die Show wird schnell voll und man sollte sie daher im Voraus reservieren.

Wo kann man in Kyoto essen?

Es stellte sich heraus, dass in Kyoto nach 19 Uhr so ziemlich alles geschlossen zu sein schien. Nur in der

Gegend um den Bahnhof waren die Straßen noch immer belebt. Dort findet man eine Vielzahl an Restaurants und Bars, von denen die meisten Gerichte mit Fleisch anbieten. Noch mehr Möglichkeiten findest du in der obersten Etage des Einkaufszentrums, eine Straße hinter dem Busbahnhof, neben dem HUB Pub. Wir liebten das Shabu Shabu Restaurant.

7 Nara

Nara ist nur 30 Minuten mit dem Zug von Kyoto entfernt und daher leicht zu erreichen, ohne das Hotel wechseln zu müssen. Nara ist vor allem ein Freiluft-Tierpark für süße Rehe, bietet aber auch einige schöne Tempel und einen kleinen See mit einem zauberhaften Pavillon.

- **Wie man Nara am besten erkundet**

Zuerst könntest du einen kostenlosen Stadtplan am Bahnhof von Nara bekommen und eine unterhaltsame Unterhaltung am englischen Schalter führen. Die Frau, die dort arbeitet, spricht nicht wirklich gut Englisch und wird sich ungefähr 100 Mal dafür entschuldigen.
Vom JR Nara Bahnhof nimmst du den gelben Linienbus bis zur Haltestelle 7. Nun bist du an der Kreuzung, die zu allen Tempeln führt. Das Busticket kostet 230 Yen und ein ganzer Tag kostet 500 Yen. Ich empfehle nur diese eine Fahrt zu lösen und dann alles andere zu Fuß zu erkunden. Der Weg zurück zum Bahnhof durch die Stadt dauert etwa eine halbe Stunde.

Nara Reh Park

Falls du befürchtet hast, dass du kein Reh sehen wirst, haben sich deine Nerven inzwischen beruhigt. Schon während der Busfahrt hast du einige gesehen. Wenn du an der Haltestelle 7 für den **Todai-ji-Tempel** aussteigst, gehst du ein paar Meter zurück und du wirst umzingelt sein von Verkäufern, die dir für 100 Yen Hirschkekse verkaufen wollen. Die Rehe sind sehr neugierig und wollen auch sehen, ob du etwas für sie hast. Auf dem Weg zum Todai-ji-Tempel wirst du dich also fast schon ein wenig bedrängt fühlen durch all die Tiere.

Todai-ji Tempel

Der Eintritt für den Todai-ji-Tempel beträgt 500 Yen und es lohnt sich. Es ist Japans größtes Holzgebäude und es gibt mehrere große Buddha-Statuen darin. Auch hat es keine Hirsche im Tempelpark und du kannst dich endlich ein wenig erholen.

- **Mehr Tempel und ein Hügel**

Wenn du den Tempel verlässt, gehst du leicht bergauf und folgst den Schildern zu den anderen Tempeln. Sobald du eine Straße mit Restaurants und Souvenirläden erreichst, bist du am Wakakusa Hügel angekommen. Erklimme den Hügel und du wirst eine tolle Aussicht über Nara haben.

Wir aßen im ersten Gebäude an der Ecke zu Mittag. Es ist eigentlich ein Restaurant, wo die meisten großen Reisegruppen essen, aber sie hatten ein schönes Zimmer im Obergeschoss. Wir konnten wählen, auf Futons auf dem Boden oder auf kleinen Stühlen an tiefen Tischen zu sitzen. Die Bedienung war sehr schnell mit dem Essen und es war absolut lecker. Ramen kostete etwa 800 Yen und Curry Reis 1000 Yen.

Der schwebende Pavillon

Sobald du die Schreine und Tempel im Wald erkundet und etwas Glück für dein Liebesleben gesammelt hast, beginnt der Abstieg des Hügels in Richtung **Ukimido Pavillon**. Dieser Pavillon sieht aus, als würde er auf dem See schweben und ist ein wunderbarer Ort zum Sitzen und zum Ausruhen für müde Füße. Versuche die Schildkröten und die großen Fische im See zu entdecken. Im August findet im Pavillon ein Laternenfest statt, das den Ort in etwas Magisches verwandelt.

Weitere Dinge, die man in Nara besuchen oder unternehmen kann

Wenn du noch nicht müde bist, kannst du den Kofuku-ji Tempel mit seinem hohen Turm anschauen gehen. Am 3. Februar findet eine Feuershow für die Dämonen statt.

Danach kannst du den Botanischen Garten von Manyo besuchen, Japans ältester botanischer Garten. Oder du beginnst langsam den Weg zurück in die Stadt. Es gibt einige schöne Gebäude in Naras Altstadt Naramachi und natürlich hat es unzählige Restaurants, Souvenirläden und andere Geschäfte. Wenn du noch einen anderen Blick über Nara haben willst, gehe in die alte Bibliothek (Nigatsu-dō (二月 堂)) und steige auf den Balkon.

Bevor du Nara verlässt, solltest du ein Foto beim lustigen Brunnen mit der Mönchsstatue am Anfang des überdachten Outdoor-Einkaufszentrums machen. Oder verbringe die Nacht in Nara und besuche ein Onsen in dieser Stadt.

8 Beppu

Beppu ist eine Onsenstadt direkt am Meer. Du wirst jedoch kein Salz in der Luft riechen, denn sobald du aus dem Zug steigst, wird dir Schwefelduft in die Nase kriechen. Du kannst sogar Dampf sehen, der aus jeder Lücke im Boden verdunstet. Spätestens jetzt freute ich mich, die bunten „Beppu Höllen“ in echt zu sehen. Darüber hinaus befindet sich vor dem Bahnhof die erste kleine, heiße Quelle, worin man schon einmal die Hände waschen kann. Tauche auch deine Hände hinein und erhalte eine erste Vorstellung davon, wie es später in einem der vielen Onsen sein wird.
Der Hauptgrund, warum du nach Beppu gekommen bist, sind wahrscheinlich die „Beppu Hells“. Du solltest mindestens einen Tag einplanen, um sie zu besuchen.

8.1 Wie man die Beppu Hells am besten besichtigt

Kauf dir einen kombinierten Bus- und Höllenpass am Bahnhof. Ein Tagesticket kostet 900 Yen und der Eintritt für alle 7 Höllen beträgt 2000 Yen. Falls du nicht alle Höllen besichtigen willst, kostet der Einzeleintritt 400 Yen pro Hölle. Wir haben insgesamt 2700 Yen bezahlt, weil wir am Bahnhof ein Kombiticket bekommen haben.
Nimm den Bus 5 oder 7 und fahre bis zwei Haltestellen nach der Kannawa Station. Jetzt bist du an der höchsten Stelle der Höllen und auch gerade im Hauptgebiet. Nun heißt es zu Fuß zurück zur Kannawa Station zu gehen und auf dem Weg alle Höllen anzuschauen. Man kann die Haltestelle nicht verfehlen, denn alle Touristen, die vorher nicht bei Kannawa ausgestiegen sind, werden es jetzt tun.

Zudem dampft es hier oben auf allen Seiten aus jeder noch so kleinsten Ritze im Boden.

Umi Jigoku

Beginne mit der „Seehölle", einer der größeren Höllen und meiner Meinung nach die schönste. Es ist ein großer Teich mit kochendem, blauen Wasser. Außerdem liegt sie in einem wunderschönen Blumengarten und neben dem Schwefelgeruch liegt auch ein süßer Blumenduft in der Luft. Wenn du im Garten herumläufst, findest du ein paar kleinere, rote Teiche und natürlich den See mit den Seerosen. Außerdem gibt es ein heißes Fußbad, wo du deine Füße gratis für eine Weile einweichen kannst.

Oniishibozu Jigoku

Geh nun zur Hölle mit Schlammbläschen auf grauen Tümpeln, die interessante Formationen auf der Schlammoberfläche ziehen. Auch hier gibt es ein schönes Fußbad, wo du deine Füße entspannen kannst. Dieser Park ist viel kleiner als der Vorherige.

Falls du hungrig bist, kannst du am Eingang dieser Hölle frisch gedünstete „Buns“ (Brötchen gefüllt mit Fleisch oder Gemüse) kaufen. Ansonsten überquerst du den Parkplatz und gehst zur nächsten Hölle.

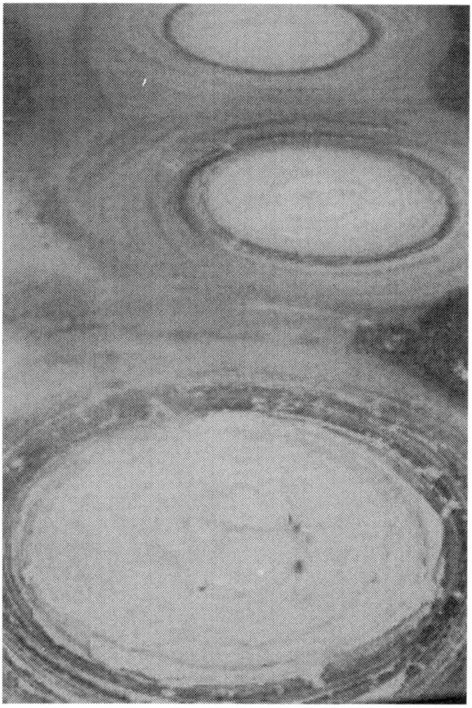

Shiraike Jigoku

Du bist nun an der „weißen Teichhölle" angekommen. Hier befindet sich ein Teich mit dampfendem Milchwasser. Es gibt auch ein kleines, etwas unheimlich aussehendes Aquarium.

Kamado Jigoku

Die „Kochtopf-Hölle" enthält mehrere kochende Teiche und eine auffällige Dämonenstatue. Auf dem Gelände können Besucher das heiße Quellwasser trinken, Hand- und Fußbäder genießen, den heißen Quelldampf einatmen und verschiedene Snacks probieren, die von der heißen Quelle gekocht oder gedünstet werden (zum Beispiel hartgekochte Eier).

Oniyama Jigoku

Krokodile werden gezüchtet und auf dem Gelände der „Monster Berghölle" gehalten und man kann sie in ihren

Käfigen betrachten. Dies ist eher ein wenig verstörend und wir fanden, dass man diese Hölle nicht unbedingt besichtigen müsste.

Sehenswürdigkeiten rund um die Kannawa Station

Nach der letzten Hölle sind wir wieder bei der Kannawa Haltestelle. Es lohnt sich, ein Stück weiter auf der Touristenstraße zu gehen. Du wirst das Zentrum erreichen, wo du deine eigene Dampfstation mieten und dein eigenes Essen darauf dünsten kannst. Allerdings musst du damit rechnen, mindestens 90 Minuten warten zu müssen, bis eine Station frei ist. Daher solltest du schon früher hierherkommen und eine Zeit reservieren und nicht erst, wenn der Magen schon knurrt. Es ist etwas teuer im Vergleich zu anderem Essen, aber eine lustige Erfahrung. Außerdem gibt es gleich neben dem Restaurant einen weiteren Fußdampfplatz, der gratis ist. Also, setz dich für einen Moment hin und ruhe deine müden Beine aus.

Shibasaki Bezirk

Um zu den Höllen im Shibasaki Bezirk zu gelangen, nimmst du den Bus Nummer 16 / 16A von der Kannawa Station. Er geht zweimal pro Stunde. Die Fahrt nach Shibasaki dauert ca. 5 Minuten. Dort findest du die restlichen zwei Beppu Hells. Derselbe Bus fährt dann weiter zum Bahnhof Beppu (40 Minuten). Die Busnummer 26 / 26A läuft in die entgegengesetzte Richtung der Busnummer 16 / 16A.

Chinoike Jigoku

Die „Blutteich Hölle" bietet einen Teich mit heißem, rotem Wasser und einen großen Souvenirladen. Es ist eine der fotogeneren Höllen. Hier haben wir endlich eines der frisch gedämpften Brötchen probiert. Sie sind sehr sättigend.

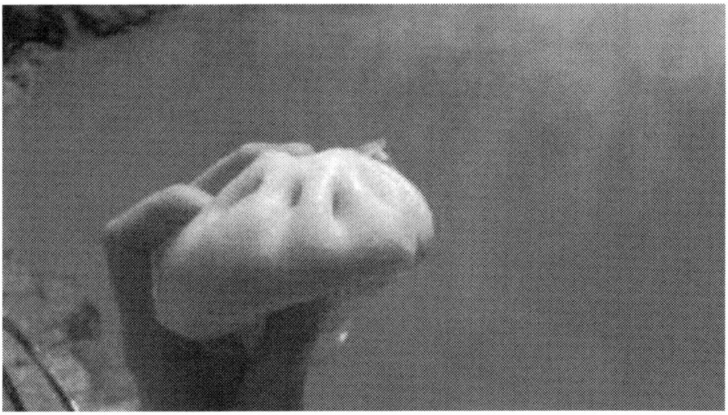

Tatsumaki Jigoku

Die „Spuck Hölle" enthält einen kochend heißen Geysir, der alle 30-40 Minuten für ca. 6-10 Minuten ausbricht. Eine Steinplatte über dem Geysir hindert ihn daran, seine volle Höhe zu erreichen. Ein kurzer Wanderweg führt den bewaldeten Hang hinauf durch einen farbenfrohen Garten.

Wo man in Beppu essen sollte

Abgesehen von einigen speziellen Onsen hatte Beppu auch die besten Gyozas in Japan. Wir fanden sie in der kleinsten Gyoza-Bar. Schaue unbedingt bei **Gyoza & Beer** vorbei, wenn du diese Teigtaschen magst. Für 600 Yen erhältst du einen Teller mit 15 Gyozas. Gyozas und Getränke ist das einzige, was sie dort anbieten und es ist kein Ort, um einen ganzen Abend zu verbringen. Du klopfst an der Tür, siehst, ob es einen freien Platz hat, wenn ja, kannst du dich setzen und bestellen. Wenn nein, musst du bis zu 5 Minuten warten, bis jemand mit dem Essen fertig ist. Es ist eine japanische Erfahrung, die du nicht verpassen solltest!

Wo sollte man in Beppu übernachten?

Wir waren im Cabosu House Beppu Hamayu. Es ist nur wenige Gehminuten von den Restaurants und dem Bahnhof entfernt. Plus, es ist nahe am Strand und Starbucks zum Frühstück, falls du nicht dein eigenes Essen kochen willst. Cabosu Gästehaus bietet sogar ein kleines Onsen. Wir haben unseren Aufenthalt dort wirklich genossen.

8.2 Entspanne im besten Onsen in Beppu

Die Onsen-Besuche waren eines unserer Highlights in Japan. Besonders nach einer langen Zugfahrt oder vielen Sightseeing-Stunden gibt es nichts Besseres, als eine Weile in einem heißen Wasserbecken zu liegen und zu träumen. Beppu ist Japans berühmteste Onsen-Stadt. Daher ist die Vielfalt der Onsen in Beppu riesig und es kann schwierig sein zu entscheiden, welches das beste Onsen in Beppu für deinen Besuch ist.

Ich habe eine Liste von denen gemacht, die uns am besten gefallen haben oder die, die wegen ihrer Geschichte oder Atmosphäre am wertvollsten sind. Einige von ihnen sind sehr einfach und du kannst nicht erwarten, kostenlosen

Schnickschnack zu bekommen. Bringe daher am besten dein eigenes Tuch, Shampoo und Haarbürste mit.

1. Hoyo Land (Schlammbad Onsen)

Hoyo Land ist ein öffentliches Schlammbad in der Gegend von Myoban. Am Anfang ist es etwas ekelhaft, in einen mit Schlamm gefüllten Pool zu gehen, aber wenn man sich einmal daran gewöhnt hat, ist das eine ziemlich lustige Angelegenheit. Darüber hinaus soll es sehr gut für die Haut sein. Im Gegensatz zu den anderen Onsen ist es hier verboten, sich mit Seife zu waschen. Spüle deinen Körper also einfach vor und nach dem Bad ab, um den positiven Effekt, den der Schlamm auf die Haut hat, nicht zu zerstören. Es gibt ein separates Innenbad für Männer und Frauen und einen großen Außenpool, der Männer und Frauen durch einen dünnen Bambuszaun trennt. Jedoch kannst du durch den Zaun immer noch mit deinem Partner reden und ihn auch sehen. Das Gebiet außerhalb des Schlammbeckens wird nicht von der Sicht des anderen Geschlechts versteckt, falls es dich stört.

Öffnungszeiten: 9 bis 20 Uhr, Kosten: 1050 Yen, Zeit die man im Bad benötigt: 40 Min,
Was du bringen solltest: Tuch, Bürste.

2. Takegawara Onsen

Takegawara Onsen ist das älteste Onsen in Beppu und daher ein interessanter Anblick. Die Badewannen sind klein und mit sehr heißem Wasser gefüllt. Dort sitzt du wie ein Einheimischer. Takegawara war nur 6 Minuten zu Fuß von unserer Unterkunft (Cabosu House Beppu Hamayu) entfernt.

Öffnungszeiten: 6.30 Uhr bis 22.30 Uhr, Eintritt: 100 Yen, Zeitaufwand: solange du es im heißen Wasser aushältst.

Sie bieten auch Sandbäder für 1000 Yen, wo sie dich in heißem Sand begraben. Die gleiche Erfahrung kann man am Strand von Onsen Nummer 4 machen.

3. Yuya Ebisu

Yuya Ebisu ist eines der exklusivsten Onsen in Beppu. Im Myoban-Viertel findest du verschiedene interessante Einrichtungen wie eine Infrarot-Sauna und ein Heilbad. Außerdem gibt es einen schönen, hölzernen Jacuzzi.

Öffnungszeiten: 10.00 Uhr bis 23.00 Uhr, Kosten: 1000 Yen, aber 2000 Yen, wenn du zusätzliche Behandlungen buchst. Kinder sind 500 Yen, benötigte Zeit: 40 min.

4. Beppu Kaihin Sandbad

Dies ist das einzige Sandbad in Beppu, das tatsächlich am Strand liegt und von wo aus man einen schönen Blick auf den Ozean hat. Du findest es direkt neben dem Beppu Fährhafen. Frauen werden dich hier in warmem Sand begraben. Über 10 Personen können gleichzeitig ein Sandbad nehmen.
Öffnungszeiten: 9.00 Uhr bis 16.00 Uhr, im Sommer 8.30 bis 17.00 Uhr, Kosten: 1000 Yen, Zeitaufwand: 15 min.

5. Kannawa Dampfbad

Das Kannawa Dampfbad begann seine Geschichte in der Kamakura-Ära und zieht seit hunderten von Jahren Kunden an. Das Bad ist eigentlich eher wie eine Sauna als ein Pool. Es wird mit Onsen-Dampf erhitzt und mit speziellen Kräutern gefüllt, auf denen du dich hinlegst und entspannst. Vor dem Gebäude findest du kostenlose Fußdampfbäder.

Öffnungszeiten: 6.30 Uhr bis 20.00 Uhr, am 4. Mittwoch des Monats geschlossen, Kosten: 500 Yen, Zeitaufwand: 30 Min.

6. Kaimonji Onsen

Dies ist ein einfaches, öffentliches Bad. Es wurde 2010 neu gebaut und ist daher ziemlich neu und sauber. Wenn du nur nach einem schnellen und billigen Bad suchst, ist dies der richtige Ort für dich. Es befindet sich in der Nähe des Cabosu House Beppu Hamayu.

Öffnungszeiten: 6.30 Uhr bis 22.30 Uhr, Kosten: 100 Yen, Zeitaufwand: 10 Min.

7. Yunosato

Yunosato Onsen befindet sich in der Gegend von Myoban. Es ist berühmt für die Yunohana-Hütten, in denen Thermalquellen entspringen. Außerdem hat das Onsenwasser eine geheimnisvolle Farbe von milchigem Weiß. Während du in diesem Onsen vor dich hin dampfst, kannst du einen wundervollen Blick vom Hügel genießen. Für Paare und Familien ist es möglich, private Bäder zu mieten.

Öffnungszeiten: 9.00 Uhr bis 20.00 Uhr (Sommer 21.00 Uhr), Kosten: 600 Yen, Zeitaufwand: 40 Min.

8. Termas

Termas liegt dicht am Strand. Allerdings sind die Außenpools zu niedrig, um über die Wand zu sehen und daher kann man den Ozean nicht sehen. Außerdem sah die Sauna schimmelig und alt aus und daher traute ich der Sauberkeit der Bäder nicht. Nach 5 Minuten im Freibad juckte zudem meine ganze Haut und ich hatte einen leichten Ausschlag an meinen Beinen (den anderen Leuten ging es gut). Drinnen ging es mir gut, aber wir hatten schon viel schönere und speziellere Onsen als Termas gesehen.

Öffnungszeiten: 10.00 bis 22.00 Uhr (letzter Einlass 21.00 Uhr), Kosten: 500 Yen, Zeitaufwand: 20 Min.

Mach doch noch einen Spaziergang am Strand in Beppu und werfe einen Blick auf die Kunstskulpturen. Vielleicht triffst du sogar einige Japaner, die einen Grillabend schmeißen.

9 Osaka

Osaka ist eine riesige Stadt und im Gegensatz zu Tokio, fühlt sie sich auch so an. Zudem besteht die Stadt nicht nur über der Erde, es hat auch unzählige Wege mit Geschäften und Restaurants im Untergrund. Es wäre ein Wunder für jeden Touristen, der sich nicht irgendwann zwischen zwei U-Bahn-Stationen verlaufen würde. Außerdem kann man sich in riesigen Einkaufskomplexen verlieren, die vom Keller dieser Passagen bis in den 13. Stock oder sogar noch höher reichen. In Osaka könnte man Tage innerhalb von Gebäuden und in der U-Bahn verbringen, ohne dass jemals

Langeweile aufkommen würde. Wenn du jedoch ins Freie gehen möchtest, gibt es schöne Parks, tolle Ausblicke und natürlich die Burg von Osaka und das Osaka Aquarium zu entdecken. Und hast du schon von der Expo70-Kapsel gehört? Lese weiter, um mehr über die Highlights von Osaka zu erfahren.

Kayukan Aquarium (Osaka Aquarium)

Beeindruckend. Das ist das beste Wort, um es zu beschreiben. Es ist nicht nur das größte Aquarium der Welt, es ist auch eine sehr gut gemachte Ausstellung mit verschiedenen Fütterungszeiten, so dass man die Tiere in Bewegung bestaunen kann. Den Höhepunkt bilden natürlich die großen Walhaie, die friedlich zwischen Stachelrochen und Hammerhaien durch das Wasser gleiten. Deine Augen werden magisch an diesen Kreaturen hängen bleiben!
Wir haben ungefähr 4 Stunden gebraucht, um alles im Osaka Aquarium anzuschauen, aber man könnte auch schneller sein oder den ganzen Tag bleiben. Es gibt sogar

einen kleinen Essensbereich. Ansonsten bietet das Einkaufszentrum direkt neben dem Aquarium alle Arten von Essen.

Als wir dort waren, hatten sie eine Aktion, bei welcher wir ein Zugticket hin und zurück zum Aquarium zusammen mit dem Eintritt für 2500 Yen bekamen. Dies lohnte sich, da das Aquarium (Osakako Station) nicht mit dem JR-Zug erreichbar ist. Suche online_nach Spezialangeboten, um günstigere Eintrittspreise zu erhalten.

Umeda Sky Building

Das ikonische Gebäude ist bereits ein interessanter Fotostopp, wenn du darunter stehst. Außerdem gibt es einen modernen Park mit Springbrunnen und Wänden, die mit Pflanzen bedeckt sind.
Es wird nicht das höchste Gebäude sein, auf dem du jemals gestanden hast. Tatsächlich bietet das Regierungsgebäude in Tokio ein kostenloses Observatorium auf gleicher Höhe.

Dennoch lohnt es sich, 1000 Yen zu bezahlen, um auf das offene Dach des Umeda Sky Buildings zu dürfen. Die beste Zeit für einen Besuch ist kurz vor Sonnenuntergang, damit du Osakas Skyline bei Tageslicht genießen und dann beobachten kannst, wie immer mehr Lichter in der Stadt angehen. Sogar der Boden des Daches beginnt im UV-Licht zu leuchten. Für den Fall, dass dir kalt wird, kannst du eine Etage tiefer gehen und die Aussicht von den bequemen Hochstühlen hinter den großen Glasfenstern genießen.

Osaka Castle

In der Umgebung von der Burg von Osaka findest du einen schönen Park zum Bummeln und du kannst die Touristenboote auf dem Burggraben beobachten. In der Burg findest du japanische Gemälde, welche die Geschichte der Burg von Osaka und interessante Rüstungen zeigen. Es gibt auch eine Etage mit unterhaltsamen kleinen Hologrammen, die verschiedene Anekdoten erzählen, welche in und um das Schloss passiert sind. Falls du die antiken Räume des Schlosses suchst, wirst du enttäuscht sein. Die Burg ist ein normales Museum mit einem Balkon um das Dach, von dem du einen anderen Ausblick auf Osaka hast.

Eintritt: 600 Yen. Es ist 7 Minuten zu Fuß von Osaka-jokoen JR Station.

Expo '70 Capsule

Während der Expo 1970 wurde eine Kapsel gebaut, in der kleine Artefakte und Pflanzensamen aus der ganzen Welt platziert und eingesperrt wurden. In jedem neuen Jahrtausend wird die Kapsel einmal geöffnet. Im Jahr 2000 wurde die Kapsel zum ersten Mal geöffnet und Kiefer- und japanische Zypressensamen wurden gefunden und erfolgreich im Expo-Park gepflanzt. Die Kapsel wird 6970 zum letzten Mal geöffnet. Sie befindet sich 100 m vor dem Eingang der Burg von Osaka.

Ramen Museum

Im Instant Ramen Museum Momofuku Ando findest du verschiedene Ausstellungen und eine kleine Produktionsfabrik. Wenn du Ramen magst, ist dies der richtige Ort für dich, um deine eigene Tasse Schnellkoch-Nudeln zu kreieren! Und das Beste: Es ist völlig kostenlos.

Pokémon Center

Erlebe deine Kindheit erneut und kämpfe mit Pokémon-Karten gegen andere Spieler oder kaufe dir ein Andenken an dein Lieblings-Pokémon.

Verliere dich in Osakas Untergrund

Das gesamte Gebiet unter Osaka und Umeda ist ein riesiges Einkaufszentrum. Du kannst Stunden mit Einkaufen verbringen. Aufgrund der besonderen Architektur wirst du dich manchmal fragen, ob du wirklich noch in Japan bist oder durch eine Zeitmaschine irgendwo in Europa gelandet bist. Es gibt genügend Restaurants, um deinen Magen zufrieden zu stellen und wenn es ein regnerischer Tag ist, wirst du nicht einmal bemerken, dass die Sonne nicht scheint. Falls du die Orientierung verlierst, musst du nur die nächste Treppe finden, die nach oben führt und dann kannst du versuchen, markante Gebäude wie den Bahnhof, Umeda Sky Building oder das Riesenrad der Hep5 Mall zu sehen.

Universal Studios

Statte den Universal Studios in Japan einen Besuch ab und tauche ein in die Welt von Harry Potter. Beachte jedoch, dass hier die Schlangen vor den Attraktionen länger sind, als in anderen Universal Studios und die Figuren in den Fahrgeschäften Japanisch sprechen.
Die Eintrittsgebühr für Erwachsene beträgt ca. $70. Auf www.usj.co.jp/e/ticket/ findest du weitere Informationen.

Fahre mit einem Riesenrad

Wenn du durch Osaka spazierst, wirst du mehrere Riesenräder bemerken. Ein besonderes ist das Rote auf dem Dach eines Wolkenkratzers (Einkaufszentrum Hep 5). Ein anderes ist das Tempozan Riesenrad neben dem Kayukan Aquarium am Hafen.

Minno Park

Entfliehe der geschäftigen Stadt und fotografiere den 33 m hohen Minno Wasserfall. Fahre dafür mit dem Zug nach Minoh. Nimm zum Beispiel die Takarazuka-Linie vom Bahnhof Umeda zum Bahnhof Ishibashi (15 Minuten) und steige in die Hankyu Minoh-Linie um, die dich nach Minoh bringt (5 Minuten). Eine einfache Fahrt kostet 270 Yen. Das Gebiet mit dem Wasserfall ist besonders schön im Herbst.

SpaWorld

Im Spa World findest du eine große Auswahl an verschiedenen Onsen (japanische und europäische), Rutschen und einen Essbereich. Es ist ein wunderbarer Wasser-Vergnügungspark und normalerweise hat er seinen Preis zwischen 2400 Yen und 2700 Yen für 3 Stunden. Achte jedoch auf spezielle Angebote. Manchmal kannst du Spa World für nur 1000 Yen für 24 Stunden besuchen. Es ist auch möglich, die Nacht im Onsen zu verbringen (nicht auf den Rutschbahnen). Wenn du nach Mitternacht bleibst, musst du zusätzlich 1300 Yen zahlen. Übliche Öffnungszeiten sind von 10.00 bis 8.45 Uhr am nächsten Tag.

Übernachte im Bonsai Guesthouse

Wir liebten unsere Zeit in dieser herzigen Pension, welche sehr nützlich lag. Sie befand sich wortwörtlich gleich am Ausgang von einer U-Bahn-Station entlang der JR Ringbahn (loop line). Starbucks, Mr. Donut und Mac Donalds befinden sich auch alle an der gleichen Station und zudem hat es eine Einkaufsarkade.

10 Kobe

Das beste Fleisch der Welt – Iss Kobe Beef in Kobe

Abgesehen von Sushi gibt es nicht viele japanische Lebensmittel, die auf der ganzen Welt berühmt sind. Aber es gibt noch etwas, was wahrscheinlich ein Licht angehen lässt in deinem Kopf und das ist das beste Rindfleisch der Welt, auch bekannt als Kobe Beef. Ich hatte einmal das Glück, ein kleines Stück Kobe-Rindfleisch in einem Restaurant in Vancouver zu probieren. Sofort war ich verliebt! Ich wusste, dass ich das wiederhaben musste. Beim nächsten Mal würde ich Kobe-Rindfleisch in Kobe essen.

So heisst das eigentliche Gebiet, aus dem das Rindfleisch stammt. Es hat ungefähr 4 Jahre gedauert, bis ich es endlich nach Japan schaffte und wir hatten uns das Kobe-Rindfleisch als Highlight für unseren letzten Tag aufgehoben. Es war es definitiv wert! Wirklich das beste Fleisch, das ich je hatte!

Was ist Kobe Rindfleisch?

Kobe-Rindfleisch (offiziell „Kobe Niku“ genannt) ist der preisgekrönte Titel, der den Tajima-Rindern verliehen wird, die strenge Zuchtstandards erfüllen müssen.

Um als Kobe Beef qualifiziert zu werden, muss es folgende Standards erfüllen:

1. Es muss Tajima Rind sein
2. Es muss eine Färse (Kuh, die schon ein Kalb hatte) oder ein Stier sein
3. Es muss von zertifizierten Züchtern gezüchtet werden
4. Es muss ausschließlich in der Präfektur Hyogo produziert werden
5. Es muss der Klasse A oder B zugeordnet werden können
6. Die Qualitätsstufe muss über 4 liegen
7. Die Rindermarmor-Klassifikation (BMS) muss über 6 liegen
8. Es gibt folgende Gewichtsregulierung: Kuh 230kg - 470kg, Stier 260kg - 470kg

Jetzt, wo wir wissen, was Kobe-Rindfleisch ist, müssen wir nur wissen, wo wir in Kobe das beste Kobe-Rindfleisch finden.

Wo sollte man Kobe Beef essen?

Jedes zweite Restaurant in Kobe wird dir irgendein Gericht mit Kobe Beef kreieren. Die beste Idee ist jedoch, am JR Motomachi Bahnhof auszusteigen. Gehe von dort in Richtung Chinatown und schon läufst du an mehreren Restaurants vorbei, die für Kobe Beef werben. Abgesehen davon hat Kobe Stadt ein wirklich tolles Chinatown und man kann viele Straßenverkäufer finden, die leckeres, chinesisches Essen verkaufen. Ich liebte die süßen Brötchen mit Tiergesichtern. Eine andere Möglichkeit ist, an der JR Sannomiya Station auszusteigen und in Richtung Ikuta Schrein zu gehen.

Restaurant Kobe Beef Eikichi

Es gibt so viele Möglichkeiten, Kobe-Rindfleisch in Kobe zu essen. Daher musst du nicht unbedingt ins Kobe Plaisir (empfohlen von einem anderen bekannten Reiseführer und daher immer ausgebucht). Eine Sache, der wir uns sicher waren, war, dass wir in einem Teppanyaki-Restaurant essen wollten, damit wir zusehen konnten, wie sie das Fleisch vor uns kochen. Das war eine großartige Entscheidung, denn es war eine Kunst für sich, dem Koch zuzusehen, wie er das Fleisch mit größter Sorgfalt und Präzision schnitt und brutzelte. Schau dir für mehr Infos die Webseite von Eikichi an: www.koubegyuu.com/en/shop/eikichi/

Tipps, um Kobe Rindfleisch in Kobe zu essen

- Gehe während der Mittagszeit Kobe-Rindfleisch essen und genieße vorgeplante Menus zu kleineren Preisen
- Trinke dazu japanischen Sake. Ich mag ein gutes Glas Rotwein mit einem guten Stück Fleisch. Leider war der Rotwein, den wir dort hatten, der teuerste, aber einer der am billigsten schmeckenden Weine, den ich je hatte. Das ist natürlich Geschmackssache.
- Wähle ein Stück Fleisch aus dem zarten und exklusiveren Bereich! Wir probierten ein Stück aus allen drei Teilen und das billigste schmeckte wie ein normales Steak in jedem Restaurant. Außer, dass es teurer war als Steak in einem normalen Restaurant. Aber das exklusive Stück und das zarte Fleisch waren beide unglaublich lecker!!

Wie man nach Kobe kommt

Du kommst ganz einfach nach Kobe indem du den JR Zug benutzt. Es ist nur 30 Minuten von Osaka entfernt und daher kannst du diese zwei Städte gut miteinander verbinden.

11 Hiroshima

Hiroshima verbindest du wahrscheinlich mit einer traurigen Erinnerung an den Atombombenabwurf während des Zweiten Weltkriegs. Als Tourist ist es merkwürdig, plötzlich Hiroshima oder Nagasaki an den Shinkansen-Haltestellen zu lesen. Bisher waren dies Stadtnamen, von denen wir vor allem im Geschichtsunterricht gehört haben. Aber hier ging das Leben weiter und abgesehen von den Touristen, die durch die Stadt schlendern, folgen die Japaner ihren üblichen Geschäften.

- **Was kann man in Hiroshima besuchen?**

Das naheliegende ist das Friedensdenkmal von Hiroshima (島 平和 記念 碑, Hiroshima Heiwa Kinenhi), das auch als Atomdom bekannt ist. Es ist ein Gebäude im Friedenspark, das im Grunde ein Skelett ist. Wenn deine Nerven danach noch offen sind für mehr, besuche auch das Hiroshima Peace Memorial Museum.

Wenn du genug von Geschichte hast, kannst du Koi-Fische im Shukkeien Garten füttern, wo du auch auf einen Miniatur-Fuji klettern kannst. Wenn du dich für schöne Gebäude interessierst, ist Hiroshima Castle der richtige Ort für dich. Oder bevorzugst du etwas Moderneres? In Hiroshima befindet sich das Mazda Museum.

- **Ein Tagesausflug von Hiroshima – Besuche die Insel Miyajima**

Weniger als eine Stunde von Hiroshima entfernt, erreichst du Miyajima (宮 島), eine kleine Insel, die für ihr riesiges Torii Tor berühmt ist. Bei Flut scheint das Tor auf dem Wasser zu schweben. Dies ist eine der beliebtesten Sehenswürdigkeiten in Japan und versorgt dich mit tollen Instagram- oder Pinterest-Bildern.

Der offizielle Name der Insel ist Itsukushima, aber jeder bezeichnet sie als Miyajima, japanisch für „Schreininsel“. Wie das Torii-Tor wurden die Hauptgebäude des Itsukushima-Schreins auf dem Wasser gebaut.
Miyajima ist ein romantischer Ort und es wäre eine Schande, keine Nacht in einem der typischen Ryokans der Insel zu verbringen. Das gibt dir den großen Vorteil, die friedliche Seite der Insel am Abend zu genießen, nachdem die Tagestouristen wieder abgereist sind. Außerdem gibt es wie in Nara wilde Rehe auf der Insel, die sich an die Menschen gewöhnt haben. Sie spazieren an den gleichen Orten wie die Touristen und am Abend schlafen sie auf den Wanderwegen. Wenn du deine innere Ruhe bei diesem schönen Anblick noch nicht gefunden hast, ist es wahrscheinlich Zeit, wieder in ein Onsen einzutauchen. Auf Miyajima gibt es sogar Möglichkeiten mit Meerblick.

12 Bevor du Japan verlässt

100 Yen Läden – Entdecke die günstige Seite von Japan

Generell ist Japan teurer als andere asiatische Länder. Daher macht es viel Spaß, einen 100 Yen-Laden zu durchstöbern, wo alles nur 105 Yen kostet (inklusive Steuern). Diese Geschäfte findest du in ganz Japan. Für Touristen sind 100 Yen-Läden gut, um billigere Süßigkeiten und kleine Souvenirs oder einen Notfallregenschirm zu finden, wenn dich der Regen mal überrascht.

Daiso 100 Yen Laden

Daiso ist die größte 100-Yen-Ladenkette Japans. Hier findest du nützliche Dinge für die Wohnung, Nahrungsmittel und Getränke. Einige der Dinge werden in Japan produziert. Der größte Daiso 100 Yen Laden befindet sich in der Takeshita Dori Straße in Harajuku, der sich über mehrere Etagen erstreckt.

Lawson Store 100

Unser sehr nützlicher Freund, 24h-Lebensmittelgeschäft Lawson, hat auch eine 100-Yen-Filiale, die sich auf Getränke, Essen und ein paar Haushaltsprodukte konzentriert. Die Auswahl ist begrenzt, aber man ist nicht zu wählerisch, wenn man Dinge für so wenig Geld kaufen kann.

13 Nützliche japanische Sätze

Deutsch	Japanisch	Aussprache
Guten Morgen	おはようございます	Ohayo gozaimasu
Hallo	こんにちは	Konnichi wa
Guten Abend	こんばんは	Konban wa
Tschüss	さようなら	Sayōnara
Wo ist…?	。。はどこですか。	….wa doko des ka?
Bahnhof	駅	Eki
Zug	電車	Densha
Bus	バス	Basu
Schrein	神社	Jinja
Tempel	お寺	O-Tera
Hotel	ホテル	Hotel
Toilette	トイレ or 手洗い	Toire / tearai
Links	左	Hidari
Rechts	右	Migi
Guten Appetit	いただきます	Itadakimasu
Bier	ビール	Bi-ru
Zum Wohl!	乾杯！	Kanpai
Rechnung	会計	Kaikei
Tee	お茶	Ocha
Wasser	水	Mizu
Danke	ありがとうございます	Arigatō gōzaimasu
Ja	はい	Hai
Nein	いいえ	Lia
Eins	一	Ichi

Zwei	二	Ni
Drei	三	San
Vier	四	Yon
Fünf	五	Go
Sechs	六	Roku
Sieben	七	Nana
Acht	八	Hachi
Neun	九	Kyu
Zehn	十	Ju
Hundert	百	Hyaku
Tausemd	千	Sen
Zehntausend	万	Man
Wie viel kostet das?	これはいくらですか。	Kore wa ikura des ka?

Danksagung

Ich bedanke mich bei www.wanderweib.de und bei www.tokyocheapo.com für all die tolle Japanreise-inspiration. Ich werde eure Blogs auch vor meiner nächsten Reise wieder nach neuen Ideen durchforsten. Zudem bedanke ich mich bei dir – liebe Leserin und lieber Leser, dass du meine Reiseguides kaufst und mir die Motivation gibst, weiterzuschreiben und das was ich auf meinen Abenteuern lerne, weiterzugeben.

Brauchst du noch mehr Informationen?

Falls du noch weitere Informationen brauchst, helfe ich dir gerne soweit es möglich ist. Du kannst mich folgenderweise kontaktieren oder mir auf jenen Kanälen folgen.

(b) www.swissmissontour.com
(i) @swissmissontour
(f) SwissMissOnTour
(w) www.slgigerbooks.wordpress.com
(@) swissmissstories@gmail.com

Wie findest du diesen Reiseführer?

Falls dieser Reiseführer hilfreich für dich war, würde es mir viel bedeuten, wenn du eine kurze, positive Rezension auf Amazon hinterlassen würdest. Zudem kannst du dann gleich schauen, welche «I love…» Reiseführer es sonst noch von mir gibt 😊

Weitere Reiseführer von SwissMiss on Tour

Printed in Poland
by Amazon Fulfillment
Poland Sp. z o.o., Wrocław

49081994R00065